BLUMEN & GARTEN

PFLANZENPORTRAIT

BLUMEN GARTEN

PFLANZENPORTRAIT

Elvira Groß

Orchideen

Mosaik Verlag

Zeichnungen: Christine Mills, Malgersdorf
Redaktion: Verlagsbüro Kopp, München
Herstellung: Martin Strohkendl, München
Umschlaggestaltung: Tatjana Schmid

Abb. Seite 2/3: Orchideenfenster mit Phalaenopsis- und Vanda-Hybriden, Oncidium (Psychopsis) krameriana, Cymbidium devonianum, Dendrobium densiflorum und Ascocentrum curvifolium.
Abb. Umschlagvorderseite: Phalaenopsis-Blüten.

Der Mosaik Verlag ist ein Unternehmen
der Verlagsgruppe Bertelsmann

Satz: Filmsatz Schröter GmbH, München
Reproduktion: Arti Litho, Trento
Druck und Bindung: Alcione, Trento
Printed in Italy · ISBN 3-576-10298-1

Inhalt

VORWORT

Orchideen werden oft als »Edelsteine unter den Pflanzen« bezeichnet. Edel und kostbar durch die Vielfalt ihrer bezaubernden Blüten sind sie zweifelsohne. Doch heute keineswegs mehr so unerschwinglich wie ehedem, sondern so preiswert wie noch nie. Das alte Vorurteil, die erfolgreiche Orchideenkultur wäre nur im Gewächshaus möglich, möchte dieses Buch widerlegen. Grundbedingung sind Kenntnisse über Aufbau und Wuchs der Pflanzen. Die verwirrende Namensvielfalt verliert ihre Schrecken, wenn man die Einteilungsprinzipien kennt. Als Voraussetzung zur Kultur werden Anregungen zu Kauf und Auswahl im Hinblick auf den künftigen Standort gegeben. Umfassende Anleitungen zu Pflege und Vermehrung ermöglichen es auch dem (noch) Laien bald eine kleine oder auch größere Orchideensammlung erfolgreich zu kultivieren. Am Ende werden 40 in der Zimmerkultur bewährte Gattungen in Text und Bild vorgestellt.

Mehrgattungshybride x Vuylstekeara Cambria 'Plush' (x Vuylstekeara = Odontoglossum x Cochlioda x Miltonia)

ORCHIDEEN IM ÜBERBLICK

Eine der bemerkenswertesten Familien im Pflanzenreich, mit spektakulären Blüten und überraschenden ökologischen Aspekten – das sind die Orchideen. Viel Interessantes über ihre Herkunft, den Aufbau der Pflanzen und die Gliederung der Familie erfahren Sie in diesem ersten Kapitel. Doch vor allem soll das Verständnis für die Orchideen geweckt werden. Denn je mehr man über eine Pflanze weiß, desto besser kann man sie pflegen.

Arten und Hybriden u. a. der Gattungen Cattleya, Phalaenopsis, Oncidium, Dendrobium

DIE FAMILIE DER ORCHIDEEN

Orchideen kennt heute fast jeder. Meist denkt man zuerst an die großblütigen tropischen und subtropischen Arten, die sich als Topfpflanzen oder Schnittblumen großer Beliebtheit erfreuen. Aber es gibt auch zahlreiche europäische Orchideen, die allerdings immer seltener werden. Das zeigt schon das große Spektrum der Familie, die schätzungsweise 20000 Arten umfaßt, die in 725 Gattungen gegliedert sind. Was unterscheidet eine Orchidee von anderen Pflanzen? Es sind Merkmale, die vorwiegend den Blütenbau betreffen (s. S. 14). Eine Orchideenblüte besitzt im typischen Fall nur ein fruchtbares Staubblatt, das mit dem Stempel verwachsen ist. Das Blütenblatt, das dem Staubblatt gegenübersteht, unterscheidet sich von den anderen und wird Lippe oder *Labellum* genannt. Der Pollen (Blütenstaub) wird nicht in einzelnen »Körnern« abgegeben, sondern als kompaktes Paket, den *Pollinien*. Die Kapselfrüchte enthalten sehr viele, extrem kleine Samen.

Die einzelnen Arten können sich in ihrer Größe beträchtlich unterscheiden. Es gibt winzige Arten wie *Platystele jungermannioides,* die nur wenige Millimeter groß werden und eher an ein Moospflänzchen erinnern. Dagegen erscheint *Grammatophyllum papuanum* mit 2–3 m langen Sprossen wie ein Riese.

Hybriden der Gattungen Laelia x Cattleya (= x Laeliocattleya) zeichnen sich durch große, farbintensive Blüten aus. Exotische Blütenpracht fürs Zimmer.

HERKUNFT UND VERBREITUNG

Orchideen sind auch in bezug auf ihre geographische Verbreitung eine sehr erfolgreiche Familie. Man kann sagen, daß sie weltweit vorkommen und fast bis an die natürlichen Verbreitungsgrenzen stoßen. Dabei sind die Arten aber keineswegs gleichmäßig auf die Regionen verteilt. Die größte Artenvielfalt findet sich in den tropischen Zonen von Amerika, Asien und Afrika. Je weiter man sich beiderseits von diesem Tropengürtel entfernt, desto artenärmer erweisen sich die Gebiete. So stehen beispielsweise den etwa 150 Orchideenarten in Nordamerika über 8000 im tropischen Bereich Amerikas gegenüber. Die geographische Verbreitung zeigt auch, daß jeder Kontinent seine eigenen Orchideenarten beherbergt, bzw. die Entstehung vieler Arten erst nach der Trennung der Kontinente erfolgte. Auch im tropischen Bereich sind die klimatischen Bedingungen ausschlaggebend. Die meisten Orchideen gedeihen dort, wo ausreichende Niederschläge mehr oder weniger das ganze Jahr hindurch fallen. Das ist in den Berg- und Nebelwäldern gegeben. In den Tropengebieten, wo es zu naß ist oder zu trocken, vielleicht sogar wüstenähnliche Bedingungen herrschen, wachsen, wenn überhaupt, nur sehr wenige Arten. Auch in der Höhenverbreitung sind die Orchideen aufgrund der dort herrschenden klimatischen Bedingungen eingeschränkt. In Südamerika wachsen einige Arten immerhin noch in Höhen bis zu 4200 m, im Himalajagebiet bis in Höhenlagen von etwa 2600 m.

GESCHICHTE

Die außergewöhnliche Gestalt der Orchideen hat schon in der Antike Interesse hervorgerufen. Der griechische Philosoph Theophrastus (372–287 v. Ch.) erwähnt in seinen botanischen Schriften einheimische Orchideen. In Europa werden im 16. Jahrhundert einige Orchideen-Arten in den Kräuterbüchern erwähnt, zum Beispiel in dem berühmten Werk von Leonhart Fuchs. Die im asiatischen Raum bekannten Orchideen galten in der Kunst- und Kulturgeschichte als Symbole der Liebe und Anmut. Vor allem in China wurden Orchideen auch als Zauberpflanzen benutzt, vorwiegend als Lenzmittel. Im tropischen Amerika waren es u. a. die Azteken, die bestimmte *Stanhopea*-Arten verehrten.

Die ersten Berichte über tropische Orchideen kamen von den Weltumseglern und Eroberern im 16. und 17. Jahrhundert. Fast jeder Expedition gehörte auch ein Naturwissenschaftler an, der zwar getrocknete Pflanzen und botanische Zeichnungen mitbrachte, aber keine lebenden Pflanzen. Die Transportmöglichkeiten waren damals noch ungeeignet, und die Reise dauerte meist zu lange. Erst im 18. Jahrhundert erblühten die ersten tropischen Orchideen in Europa. Nun kamen diese Pflanzen groß in Mode. Vor allem in England wurden spezielle Firmen gegründet wie Loddiges, Low & Co. und Veitch & Sons. Sie stellten eigens Sammler an, die nach Übersee geschickt wurden, um neue und seltene Orchideenarten zu beschaffen. Als Orchideenjäger gingen sie in die Geschichte ein. Sie riskierten oft ihr Leben, doch haben sie auch manche Orchideenart an bestimmten Standorten ausgerottet. Viele Pflanzen gingen auch auf dem Transport ein, obwohl sich mit den Dampfschiffen die Reisedauer verkürzte. Die sogenannten Ward'schen Kästen (abgeschlossene Behälter mit Glasdach) haben dazu beigetragen, daß die Pflanzen die Reise überstanden. Sie machten es möglich, die Pflanzen ohne zusätzlichen Wasserverbrauch feucht zu halten. Die heute populären Flaschengärten funktionieren nach dem gleichen Prinzip. Die Ward'schen Kästen wurden erstmals im Jahre 1833 erfolgreich genutzt. Kein Wunder also, daß auf Auktionen oft horrende Preise für bestimmte Pflanzen gezahlt wurden. Erst als effektive Anzuchtmethoden entwickelt wurden, verlor der Handel mit Wildpflanzen an Bedeutung. Das Zeitalter der Orchideenzucht war angebrochen. Nicht nur Arten können untereinander gekreuzt werden, sondern auch nahe miteinander verwandte Gattungen, und so entstanden und entstehen immer wieder neue Hybriden, deren Blüten in allen erdenklichen Formen und Farben prangen.

Die Vanda-Hybride kann ihre Abstammung nicht verleugnen. Die netzartige Farbzeichnung und die Form der Blüten sind charakteristische Merkmale von Vanda coerulea.

ZUR BIOLOGIE DER ORCHIDEEN

An den Luftwurzeln, hier von einer Cattleya, erkennt man deutlich das silberhäutige Velamen und die grünen Wurzelspitzen.

Alle höheren Pflanzen bestehen aus drei Grundorganen: Wurzel, Sproßachse und Blatt. Die Wurzeln, die auch als Haftorgane dienen, nehmen Wasser und Nährstoffe auf und leiten sie an die Sproßachse weiter, die den Transport in die Blätter übernimmt. Die Blätter sind die Assimilationsorgane, das heißt, in ihnen wird Lichtenergie in chemische Energie umgewandelt. Auch die Orchideen sind so organisiert. Der Aufbau und die Besonderheiten der einzelnen Organe sollen kurz dargestellt werden.

Die Wurzeln der Orchideen unterscheiden sich je nach der Lebensweise der Pflanzen. Bei Erdorchideen sind sie dünn und fasrig, selten verzweigt und oft dicht behaart, um die Wurzeloberfläche zu vergrößern. Eine Spezialisierung erfahren die Wurzeln epiphytischer Orchideen. Die Funktion als Halteorgan ist besonders ausgeprägt. Bekommen die sonst stielrunden Wurzeln Kontakt mit einer Unterlage, so flachen sie sich ab und pressen sich fast unlösbar an. Da die Wasserzufuhr in luftiger Höhe nur unregelmäßig erfolgt, müssen die Wurzeln die Fähigkeit haben, die Feuchtigkeit möglichst schnell und effektiv aufzunehmen. Das ermöglicht ihnen eine Gewebeschicht, das sogenannte *Velamen*, das die Wurzeln als silbergraue Haut umgibt. Es handelt sich dabei um abgestorbene Zellen, die wie ein Schwamm die Feuchtigkeit aufnehmen und speichern können. Nur an der Wurzelspitze sind alle Zellen lebend, und ihre grüne Färbung läßt erkennen, daß die Wurzeln Chlorophyll enthalten. Die photosynthetisch aktive Fläche der Pflanze wird damit vergrößert. Es gibt sogar einige

Bei einigen Catasetum-Arten bilden die Wurzeln eine Art Korb, in dem sich Humus ansammeln kann (links); die Phalaenopsis-Pflanze wächst monopodial; es entwickeln sich zahlreiche sproßbürtige Wurzeln; die Blütenstände entspringen seitlich (rechts).

blattlose Orchideen, bei denen die Wurzeln stark abgeflacht sind und vollständig die Funktion der Blätter übernommen haben. Das Velamen ist zwar auch bei den meisten Erdorchideen vorhanden, aber wesentlich schwächer entwickelt. Bei den monopodial wachsenden Epiphyten (s. unten) entwickeln sich sogenannte Adventivwurzeln, das heißt die Wurzeln entspringen dem Sproß. Der Begriff Luftwurzeln bezeichnet jene Wurzeln, die frei in den Luftraum wachsen und nicht das Bestreben haben, in das Substrat einzudringen. Eine besondere Art von Luftwurzeln gibt es bei *Cyrtopodium*, *Grammatophyllum* und einigen Arten anderer Gattungen. Diese Luftwurzeln wachsen senkrecht nach oben und entwickeln sich zu einem verflochtenen, nestartigen Gebilde, das als Humussammler fungiert.

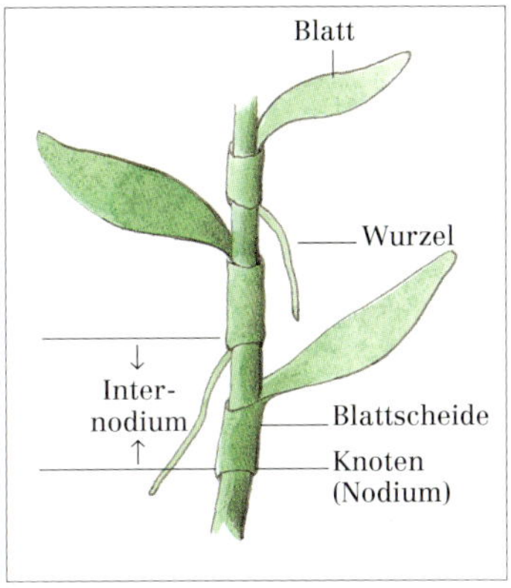

Wuchsform: monopodialer Wuchs bei gestauchter (oben) und verlängerter Sproßachse (unten)

Der Sproß der Orchideen unterliegt vielfältigen Abwandlungen und prägt damit auch die Wuchsform der Pflanzen. Bei den *monopodial* wachsenden Arten ist der Sproß mehr oder weniger verlängert und wächst an der Spitze ständig weiter. Das bedingt gleichzeitig, daß sich die Blütenstände seitenständig aus den Blattachseln entwickeln. Beispiele sind *Phalaenopsis* und *Paphiopedilum* mit gestauchten und *Vanda* und *Vanilla* mit verlängerten Sproßachsen. Ein Rhizom tritt bei *sympodialer* Wuchsform auf. Es ist ein horizontal wachsender Sproß, der auf oder im Substrat liegt. In jeder Vegetationsperiode richtet sich das wachsende Rhizom auf und bildet einen vertikal ausgerichteten Sproß. Der neue Trieb entwickelt sich dann aus der Basis des alten Sprosses. So entsteht allmählich eine Scheinachse, das *Sympodium*, die aus mehreren Triebgenerationen besteht. Bei den meisten rhizombildenden Orchideen ist der aufrechte Sproß verdickt und dient somit als Speicherorgan. Er wird als Pseudobulbe bezeichnet. Echte Bulben bestehen dagegen aus speicherungsfähigen Blattscheiden wie zum Beispiel bei der Zwiebel. Die Pseudobulben sind je nach Art recht verschieden gestaltet, so gibt es kugelige, ovale und zylindrische Pseudobulben. Weitere Variationen bestehen darin, daß die Pseudobulben dicht beieinander oder in Abständen am Rhizom stehen und daß sie über ein oder mehrere Stengelabschnitte verlaufen können. Die Blütenstände sympodial wachsender Orchideen entstehen entweder endständig, das heißt an der Spitze des Triebes (zum Beispiel bei *Cattleya*) oder aber seitenständig, also an der Seite oder Basis des Sprosses oder aber am Rhizom.

Die Blätter der Orchideen sind fast immer zweireihig angeordnet, das heißt sie stehen sich am Sproß gegenüber. Oft ist der basale Teil des Blattes scheidenförmig ausgebildet und umhüllt den Sproß. Die Blattformen sind sehr unterschiedlich: So gibt es lange riemenförmige Blätter bei *Cymbidium* oder sich schuppenförmig überdeckende Blätter bei *Lockhartia*. Merk-

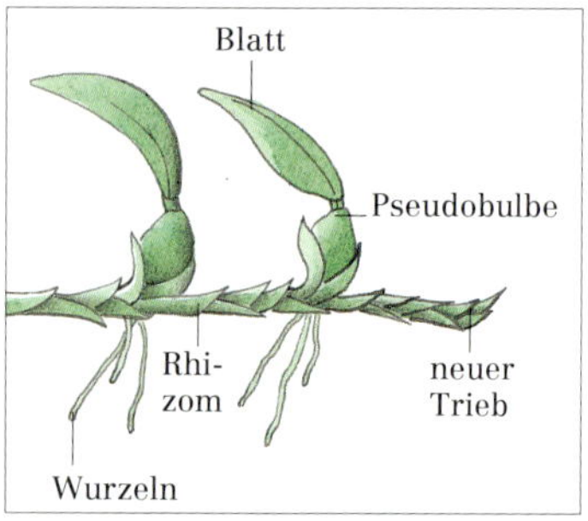

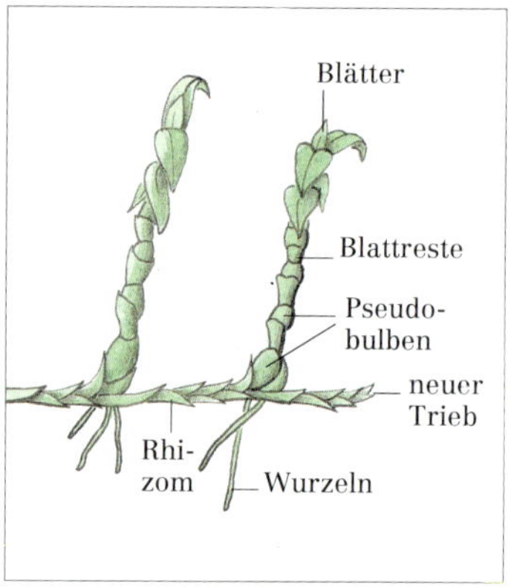

Wuchsform: sympodialer Wuchs mit eingliedrigen (oben) und mehrgliedrigen (unten) Pseudobulben

Die Pseudobulben von Bifrenaria stehen dicht gedrängt und sind eingliedrig.

male, die viele Orchideenblätter auszeichnet, sind der glatte Blattrand, der parallele Verlauf der Blattnerven und die grüne Färbung. Buntlaubige Arten sind selten. Oft sind die Blätter auch mehrfach parallel zu den Nerven gefaltet, so daß sie wie plissiert aussehen, und überdauern meist nur eine Vegetationsperiode. Flach zusammengelegte Blätter mit dem Mittelnerv als Faltkante stellen den häufigsten Blattyp. Die Anzahl der Blätter pro Trieb ist meist gering. Häufig werden je Pseudobulbe nur ein oder zwei Blätter gebildet, ein Merkmal, das auch bei der Abgrenzung von Arten oder Gattungen von Bedeutung sein kann.

Der auffälligste und attraktivste Teil einer Orchidee ist zweifellos die Blüte. Sie ist eigentlich nichts anderes als eine Sproßachse mit Blattorganen. Doch welch herrliche Vielfalt hat die Natur hier geschaffen! Die sehr kompliziert gebaut scheinenden Orchideenblüten haben alle einen Grundbauplan. Das auffälligste Merkmal ist zunächst, daß die Blüten nicht radiärsymmetrisch sind wie die meisten unserer Blütenpflanzen, sondern bilateralsymmetrisch. Das heißt, man kann die Blüte nur in zwei spiegelgleiche Hälften teilen. In ganz seltenen Fällen kommt es vor, daß sich statt der normalen Orchideenblüte eine radiärsymmetrische Blüte entwickelt. Solche Blüten nennt man *Pelorien*.

Der Fruchtknoten ist immer unterständig. Er befindet sich zwischen Blütenstiel und allen anderen Blütenteilen. Aber oft ist der Fruchtknoten kaum vom Blütenstiel zu unterscheiden. Vor allem bei den Epiphyten ist es meist so, daß der Fruchtknoten zur Blütezeit noch nicht voll ausgebildet ist, und erst die Bestäubung bewirkt eine Weiterentwicklung. Die Blütenhülle besteht, wie bei allen einkeimblättrigen Pflanzen, aus zwei Kreisen von je drei Blättern. Die äußeren Blütenhüllblätter werden auch Kelchblätter oder *Sepalen* genannt, die inneren Blütenblätter bezeichnet man als Kronblätter oder *Petalen*. Das mittlere Petalum unterscheidet sich von den beiden seitlichen und wird Lippe oder *Labellum* genannt. Alle Blütenteile zeigen vielfältige Variationsmöglichkeiten, vor allem die Lippe. Bei den meisten Orchideen ist die Lippe nach unten ausgerichtet. Doch diese Stellung kommt durch einen Vorgang zustande, der als *Resupination* bezeichnet wird und typisch für Orchideen ist. In der Entwicklungsphase steht die Lippe noch oben an der Blüte. Beim Aufblühen oder schon vorher dreht sich der Fruchtknoten und/oder der Blütenstiel um 180°, so daß die Lippe die gewohnte untere Position einnimmt. Nur wenige Orchideen drehen ihre Blüten nicht; einige drehen sie um 360°, was das gleiche Erscheinungsbild bewirkt, nämlich die nach oben ausgerichtete Lippe. Eine ganz besondere Gestalt hat die Lippe bei den sogenannten Frauenschuh-Orchideen, nämlich sack- oder schuhförmig. Bei vielen Arten ist die Lippe mehr oder weniger dreilappig. Dann wird der zentrale, nicht geteilte Bereich als Platte bezeichnet. Auf diesem Teil der Lippe befinden sich mitunter auch als Lamellen oder Schwielen bezeichnete Strukturen, die manchmal sehr bizarre Gestalten annehmen. Ein anderes auffälliges Kennzeichen mancher Orchideen ist ein Blütensporn, der meist von der Lippe gebildet wird. Bei *Angraecum sesquipedale* kann der Sporn eine Länge bis zu 30 cm erreichen. Er dient stets dazu, den Nektar aufzunehmen, der für die Bestäuber bestimmt ist.

Normalerweise folgen im Blütenaufbau bei den Einkeimblättrigen auf die Petalen zwei Kreise von je drei Staubblättern und der Griffel als Bekrönung des Fruchtknotens im Zentrum. Bei den Orchideen haben sich im Verlauf der Evolution einige Änderungen vollzogen. Die Anzahl der fruchtbaren Staubblätter wurde auf zwei bzw. eines reduziert. Demzufolge spricht man von diandrischen respektive monandrischen Blüten. Arten mit diandrischen Blüten werden in der Unterfamilie der Cypripedioideen zusammengefaßt, zu denen die Gattungen *Paphiopedilum* und *Phragmipedium* gehören. Monandrische Blüten sind das Kennzeichen der Unterfamilie der Orchidoideen. Aber nicht nur die Anzahl der Staubblätter hat sich verändert. Zusammen mit dem Griffel sind die Staubblätter mehr oder weniger verwachsen und bilden die Säule oder das *Gynostemium*. Durch eine Verlängerung der Blütenachse wird die Säule emporgehoben, so daß sie sich meist über die anderen Blütenteile erhebt. An der Spitze der Säule sitzt der Staubbeutel (= Anthere). Er enthält den Pollen, der aber nur selten in Form von einzelnen Pollenkörnern abgegeben wird. In den meisten Fällen ist der gesamte Pollen eines Antherenfaches zu einer kompakten Masse vereinigt und wird dann als *Pollinium* bezeichnet. Die Anzahl der Pollinien ist abhängig von der Unterteilung des Staubbeutels. Viele Orchideen besitzen vier Pollinien. Durch Verschmelzung können es auch zwei oder durch Einschnürung sechs oder acht Pollinien sein. Die

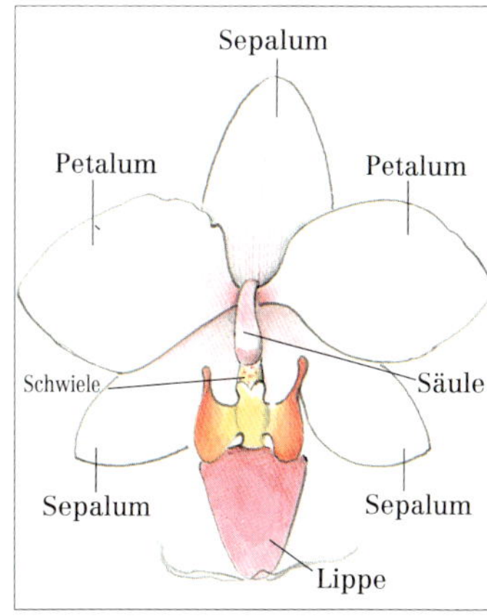

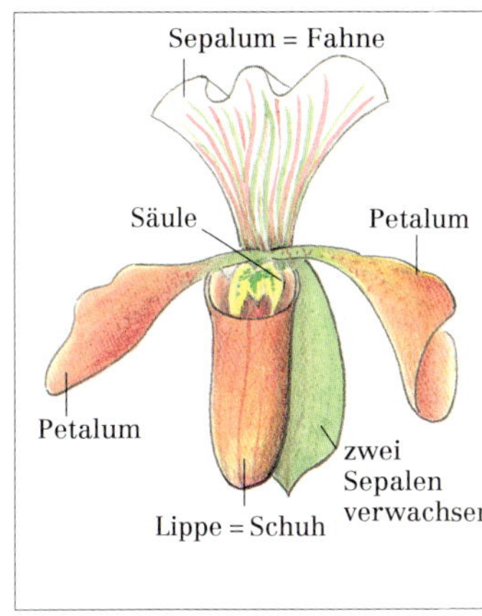

Orchideenblüten: Phalaenopsis-Blüte (oben) und Paphiopedilum-Blüte (unten)

Farbenprächtig präsentieren sich hier einige Phalaenopsis-Hybriden. Effektvoll sind besonders die Blüten mit netznerviger oder gepunkteter Zeichnung.

Pollinarium einer Catasetum-Art. Die weißliche Klebscheibe haftet auf dem Bestäuber, der so die Pollenpakete zu einer anderen Blüte trägt.

Wie fast alle Orchideen bildet auch Epidendrum eine Kapselfrucht aus.

Spezialisierung geht aber noch viel weiter. Bei vielen Orchideen tragen die Pollinien ein stielartiges Anhängsel, das vom Staubbeutel produziert und als *Caudicula* bezeichnet wird. Ein anderes Merkmal, das viele Pollinien auszeichnet, ist das *Viscidium* (= Klebscheibe). Es wird von einem bestimmten Teil der Narbe gebildet und dient dazu, die Pollinien an das Bestäubungsinsekt zu kleben. Zwischen Pollinien und Viscidium befindet sich außerdem noch bei etlichen Arten ein klebriger Gewebestrang, der *Stipes*. Die Pollinien sind durch ihre Anzahl und Form sowie das Auftreten der verschiedenen Anhänge von Bedeutung für die Unterscheidung von systematischen Einheiten. Den gesamten Komplex, der vom Bestäuber aufgenommen und weitertransportiert wird, nennt man *Pollinarium*. Ein solches Pollinarium besteht zum Beispiel aus den Pollinien, den Caudiculae, dem Viscidium und dem Stipes. Es bleibt in der Betrachtung der Blüte nur noch ein Teil übrig, nämlich die Narbe. Wie vorstehend beschrieben, ist der Griffel, der Träger der Narbe, mit dem oder den Staubblättern zur Säule verwachsen. Die Narbe befindet sich also an der Innenfläche der Säule unterhalb des Staubbeutels. Von den drei Narbenlappen sind meist nur zwei empfängnisfähig. Der dritte (mittlere) Abschnitt ist viel größer und bildet bei den meisten Gattungen das *Rostellum*, den Narbenteil, der das Viscidium bildet und gleich zwei Aufgaben erfüllt. Es dient als Haftorgan für die Pollinien und trennt den Staubbeutel von der Narbenfläche, so daß Selbstbestäubung verhindert wird.

Die Orchideenblüte ist also nicht nur schön und farbenprächtig, sondern sie besitzt auch hochinteressante Strukturen und Funktionen, die einmalig im Pflanzenreich sind. Nur selten bildet eine Pflanze eine einzige Blüte aus. Eine häufige Form des Blütenstandes (Infloreszenz) ist die Traube. Sie ist dadurch charakterisiert, daß die gestielten Blüten in den Achseln von Tragblättern an der Blütenstandsachse stehen.

Zum Abschluß einige Bemerkungen über Früchte und Samen. Eine Orchideenfrucht kennen wir alle: Es ist die sogenannte Vanille-Schote, die fermentierte Frucht von *Vanilla planifolia*. Es handelt sich allerdings nicht um eine Schote, sondern um eine Kapsel. Nahezu alle Orchideen bilden diese Fruchtform aus. Bei der Reife öffnen sich die Kapseln meist mit drei oder sechs Klappen, die bei vielen Arten an der Spitze vereinigt bleiben. Kennzeichnend für die Orchideenfrüchte ist, daß sie sehr viele, sehr kleine Samen bilden. Im Gegensatz zu den Samen anderer Gewächse fehlt den Orchideensamen ein Nährgewebe. Das heißt, der Same besteht nur aus einem noch undifferenzierten Embryo, der von der Samenschale lose umhüllt wird. Diese spärliche Ausstattung verhilft aber den Samen zu einem entscheidenden Vorteil bei der Ausbreitung, denn dadurch sind sie sehr leicht. Man spricht auch von staubförmigen Samen, die mühelos vom Wind fortgetragen werden können.

ZUR ÖKOLOGIE DER ORCHIDEEN

Die Orchideenpflanze ist nun in ihrem Aufbau annähernd bekannt. Doch das allein genügt nicht, um sie optimal pflegen zu können.

Ein wesentlicher Faktor für die Kultur ist, den Klimabereich zu kennen, aus dem eine Orchidee stammt. Die Tatsache, daß die Mehrzahl der Orchideen aus tropischen Regionen kommt, sagt noch nichts über den tatsächlichen Temperaturbereich aus. Viele Arten besiedeln Bergwälder, deren mittlere Jahrestemperatur bei 20 °C liegt und die in dichte Wolken eingehüllt sind, so daß eine sehr hohe Luftfeuchtigkeit herrscht. Unterschiedlich sind auch die Lichtverhältnisse, denen die Pflanzen am heimatlichen Standort ausgesetzt sind. Damit in Zusammenhang steht die Lebensweise der Orchideen. Im europäischen Klima gibt es für Blütenpflanzen fast nur die Möglichkeit, sich mit den Wurzeln im Erdboden zu verankern. Die Pflanzen wachsen *terrestrisch*. Die Besiedlung von Felsen erfolgt meist als Anpassung an extreme Lebensbedingungen. Solche Pflanzen werden als *Lithophyten* bezeichnet. Neben diesen Standorten bietet sich den Pflanzen in den Tropen und Subtropen noch die Möglichkeit, auf Bäumen oder Sträuchern zu wachsen, also *epiphytisch*, was auf das Bestreben der Pflanzen nach mehr Licht im dämmrigen Regenwald zurückzuführen ist. Aber nicht alle Epiphyten sind lichthungrige Sonnenanbeter. Einige Arten haben sich darauf spezialisiert, am Baumstamm zu wachsen. Der innere Kronenbereich eines Baumes wird oft von anderen Arten besiedelt als der mittlere, und spezielle Arten sind auf den Zweigenden zu finden. Den epiphytischen Lebensraum haben sich nicht nur die Orchideen erobert, auch andere Pflanzenfamilien waren erfolgreich: die Araceae, Cactaceae, Gesneriaceae und vor allem die Bromeliaceae, eine ausschließlich neuweltliche Familie, mit

Im Hochland von Peru kommt Maxillaria auch terrestrisch wachsend vor.

Lithophytisch wächst diese Masdevallia-Art.

Hybriden sind den Wildformen, was Farbintensität und Widerstandsfähigkeit anbelangt, meist überlegen. Die Odontoglossum-Hybriden bestechen durch formschöne, haltbare Blüten.

Das zwergwüchsige Oncidium wächst epiphytisch auf einem Zweig.

der bekannten Gattung *Tillandsia*. Oft wachsen die Arten verschiedener Familien in einer Pflanzengemeinschaft beisammen. Sozusagen als Variante des Epiphytismus kann man kletternde Pflanzen bezeichnen, die mit ihren Wurzeln zwar im Erdboden verankert sind, aber ihre Sprosse auf andere Pflanzen entsenden. Bei den Orchideen gibt es vor allem in der Gattung *Vanilla* kletternde Arten. Eine besondere Lebensweise haben *saprophytische* Pflanzen entwickelt. Sie besitzen kein Chlorophyll und können daher die notwendigen Nährstoffe nicht durch Photosynthese erzeugen. Pilze übernehmen diese Aufgabe. Jede Orchidee durchläuft als Sämling ein saprophytisches Stadium. Doch verschiedene Arten behalten auch in ihrem weiteren Lebenszyklus den Saprophytismus bei. Beispiele sind die Gattungen *Galeola* aus den Tropen und *Neottia* aus dem europäischen Bereich.

Eine sehr enge und lebensnotwendige Beziehung gehen die Orchideen mit bestimmten Pilzen ein. Die Gemeinschaft zum gegenseitigen Nutzen zwischen Pilz und den Wurzeln einer Pflanze wird allgemein als *Mykorrhiza* bezeichnet. Bei den Orchideen verhält es sich so, daß der Pilz in die Wurzeln eindringt. Das Wissen um diese Beziehung ist bei der Vermehrung durch Samen von entscheidender Bedeutung, denn kaum ein Sämling überlebt ohne Pilz, es sei denn, es werden andere Maßnahmen ergriffen (s. auch S. 59).

Für die Kultur kaum von Bedeutung, aber einer der interessantesten ökologischen Aspekte überhaupt ist die Bestäubung. Gerade die Orchideen betreiben einen ungeheueren Aufwand, um Bestäuber anzulocken. Warum aber ist die Bestäubung und damit die Samenproduktion so wichtig, da sich die Pflanzen doch auch vegetativ vermehren können? Das würde für die Arterhaltung auch ausreichen, wenn die Umweltbedingungen stets gleichbleibend wären, was aber kaum der Fall ist. Die Pflanzen müssen also möglichst genetisch

Obwohl die meisten Phalaenopsis-Arten epiphytisch wachsen, kann man sie auch in Töpfen kultivieren. Vor allem die herrlich blühenden Hybriden sind genügsame Hausgenossen.

Epiphytisch wachsende Pflanzengemeinschaft aus Orchideen und Bromelien in einem zerstörten Bergwald in Kolumbien

unterschiedliche Nachkommen produzieren, um ihre Art erhalten zu können. Die Bestäuber der Orchideen sind vor allem Insekten (Bienen, Fliegen, Schmetterlinge), aber auch Vögel wie die Kolibris. Zunächst muß die Blüte durch Farbe, Form und Duft die Bestäuber anlocken, die für ihre Dienste meist mit Nektar »entlohnt« werden. Dadurch, daß die gesamte Pollenmenge eine Bestäubungseinheit bildet, ist gesichert, daß die zahlreichen Samenanlagen auch alle befruchtet werden können.

In gewissem Sinne gehört zur Ökologie auch der Schutz der Orchideen an ihren Standorten. Wie einleitend bereits berichtet, sind die Orchideenbestände an ihren natürlichen Standorten nicht erst in diesem Jahrhundert durch Sammler dezimiert worden. Heute kommt noch die Zerstörung des Lebensraumes der Orchideen hinzu, was ebenfalls zu ihrem Aussterben führt. Um die wildwachsenden Orchideen zu bewahren, hat man vielerorts Gesetze erlassen und die Arten unter Schutz gestellt. In Deutschland sind alle heimischen Orchideenarten geschützt. Auch auf internationaler Ebene ist ein Abkommen geschlossen worden, das den Handel mit seltenen Tier- und Pflanzenarten einschränkt oder völlig untersagt. Es ist das sogenannte Washingtoner Artenschutzgesetz. Doch leider verstehen es viele Händler, die Gesetzeslücken auszunutzen und so floriert der Handel mit Orchideen im wahrsten Sinne des Wortes weiter. Jeder Pflanzenliebhaber kann zum Schutz der Orchideen beitragen, indem er nur Kulturpflanzen kauft. Auch auf Orchideen als »Reisemitbringsel« sollte man verzichten. Viele dieser Pflanzen gehen entweder schon auf dem Transport ein oder etwas später infolge unsachgemäßer Behandlung. Will man sich eine Orchideensammlung aufbauen, so gibt es genügend Arten und Sorten, die schon lange in Kultur sind. Solche Pflanzen sind auch viel besser an eine Pflege im Zimmer angepaßt, und man wird seine Freude an ihnen haben.

BENENNUNG DER ORCHIDEEN

Die Benennung der Orchideen folgt ganz bestimmten Regeln. Diese sind im Internationalen Code der Botanischen Nomenklatur (ICBN) zusammengefaßt und gelten für alle Pflanzen. Zunächst zu den Wildpflanzen. Die unterste Kategorie ist die Art. Verwandte Arten werden zu Gattungen zusammengefaßt. Der korrekte wissenschaftliche Name einer Orchidee, wie aller Pflanzen, besteht aus zwei Teilen: dem lateinischen Gattungsnamen und dem Artnamen. Damit sind die Pflanzennamen international verständlich. Hinter dem Artennamen steht bei wissenschaftlichen Publikationen außerdem noch der Name des Autors, der diese Art erstmals beschrieben hat und auch das Jahr, in dem die Beschreibung veröffentlicht wurde.

Nach den botanischen Regeln gibt es auch unterhalb der Art noch verwendbare Kategorien: Unterart, Varietät und Form. Ihr Name wird, mit der Abkürzung der Kategorie – subsp., var., f. – an den Artnamen angehängt.

Kultivierte Orchideen werden nach besonderen Regeln benannt. Im einfachsten Fall kreuzt man zwei Arten einer Gattung miteinander. Die entstandene Hybride erhält einen neuen Namen, der zusammen mit dem Zeichen x dem Gattungsnamen angefügt wird. Zum Beispiel *Paphiopedilum* x *leeanum*. Hierbei handelt es sich sogar um eine Naturhybride, entstanden aus *Paphiopedilum insigne* und *P. spicerianum*. (Bei Wiederholungen wird der Gattungsname oft mit seinem ersten Buchstaben abgekürzt.) Gattungshybriden entstehen aus Arten oder Hybriden verschiedener Gattungen. Vor ihrem Namen sollte stets das Zeichen X stehen. Bei Beteiligung von zwei oder drei Gattungen sollte der Hybridname eine Verschmelzung dieser Gattungsnamen sein: X *Laeliocattleya* ist eine Kreuzung zwischen *Laelia* und *Cattleya*. Um bei Mehrgattungshybriden endlos lange Namen zu vermeiden, wird ihnen ein neuer Name gegeben. X *Vuylstekeara* ist ein Produkt aus *Odontoglossum*, *Cochlioda* und *Miltonia*, bei X *Wilsonara* ist anstatt *Miltonia Oncidium* ein Kreuzungspartner. Noch komplexer sind Bezeichnungen wie
X *Odontocidium* Susan Kaufman 'Butterfly'.

Odontocidium ist eine Gattungshybride aus *Odontoglossum* und *Oncidium*. Susan Kaufman ist der sogenannte Grexname. Darunter versteht man alle Nachkommen bestimmter Elternpflanzen. 'Butterfly' schließlich ist der Sortenname. Alle Pflanzen einer Sorte sind erbgleich, also durch vegetative Vermehrung hervorgegangen. Grexname und Sortenname dürfen nicht in lateinischer Sprache abgefaßt sein und werden jeweils großgeschrieben. Der Sortenname wird zusätzlich in einfache Anführungszeichen gesetzt.

Die hängenden Blütenstände von Dendrobium densiflorum (oben) mit den herrlichen gelben Blüten sind ein schöner Farbkontrast zu den weiß- und rosablütigen Phalaenopsis-Hybriden (unten).

KLEINES ORCHIDEENWÖRTERBUCH

Anthere: Staubbeutel, Teil der Staubblätter, der die Pollensäcke trägt
Caudicula (ae): klebrige Fortsätze der Pollinien
diandrisch: mit zwei Staubblättern ausgestattete Blüte
epiphytisch, Epiphyt: die Pflanzen wachsen losgelöst vom Erdboden auf anderen Pflanzen
Gynostemium: Säule, Verwachsungsprodukt aus Griffel und Staubblatt(blättern)
Labellum: siehe Lippe
Lippe: charakteristisch gestaltetes Blütenblatt, wird auch als Labellum bezeichnet
lithophytisch, Lithophyt: die Pflanzen wachsen auf Steinen oder Felsen
monandrisch: mit einem Staubblatt ausgestattete Blüte
monopodiales Wachstum: die Pflanzen besitzen eine Sproßachse, die an ihrer Spitze ständig weiterwächst
Mykorrhiza: Wurzelsymbiose; Pilze leben an oder in Wurzeln höherer Pflanzen zum gegenseitigen Nutzen
Pelorie: radiärsymmetrische Blüte bei Pflanzen, die normalerweise nur zweiseitig-symmetrische Blüten entwickeln
Petalen: Kronblätter, Blütenblätter
Pollinarium: Verbreitungseinheit des Pollens (Blütenstaubes)
Pollinium: verklebte Masse der Pollenkörner eines Pollensackes
Resupination: Drehung des Blütenstieles oder Fruchtknotens; die Lippe der Blüte kommt so in eine nach unten weisende Position
Rhizom: horizontal über- oder unterirdisch verlaufender Sproß, der mit schuppenförmigen Blättern besetzt ist
Rostellum: Teil der Narbe; Narbenlappen, der den Staubbeutel von der empfängnisfähigen Narbenfläche trennt
saprophytisch, Saprophyten: Pflanzen ohne Chlorophyll (Blattgrün), die sich mit Hilfe von Pilzen aus toter organischer Substanz ernähren
Sepalen: Kelchblätter, Blütenhüllblätter
Stipes (pl. Stipites): dehnbares Gewebeband zwischen Klebscheibe und Pollinien
sympodiales Wachstum: die Pflanzen besitzen eine Scheinachse, die aus Verzweigungen aufeinanderfolgender Sproßglieder besteht
Synonym: ungültiger wissenschaftlicher Name
terrestrisch: die Pflanzen wurzeln im Erdboden
Viscidium: Klebscheibe; dient beim Bestäubungsvorgang zum Anheften der Pollinien

AUSWAHL, KAUF UND STANDORT

Beim Kauf wird die Auswahl der Orchideen ganz entscheidend vom künftigen Standort bestimmt. Ob Fensterbank, Blumenfenster, Wintergarten oder Gewächshaus – jeder dieser Kulturräume hat andere Eigenschaften und ist für bestimmte Orchideen geeignet. Darüber und worauf Sie beim Kauf noch achten sollten, informiert Sie dieses Kapitel. Alles weitere ist eine Frage Ihres Geschmacks und Ihrer Vorlieben für bestimmte Blütenformen und -farben.

Bezaubernde Blütenvielfalt bei Hybriden der Gattungen Phalaenopsis, Odontoglossum und Cattleya

AUSWAHL UND KAUF

Cymbidien sind unproblematisch in der Kultur und durch unzählige Züchtungen in vielen Farbvarianten erhältlich. Besonders schön kontrastieren die roten Blüten dieser Cymbidium-Hybride mit den grünen Laubblättern.

Der Kauf von Pflanzen ist Vertrauenssache. Nicht immer ist ersichtlich, ob eine Pflanze kräftig und gesund oder eine Krankheit bereits vorhanden ist. Schon deshalb ist es ratsam, Orchideen nur im Fachgeschäft zu kaufen. Optimal ist es, wenn die Möglichkeit besteht, einen Händler aufzusuchen, der sich auf Orchideenkultur spezialisiert hat (siehe Bezugsquellen). Hier findet man nicht nur eine große Auswahl an Pflanzen, sondern auch Fachleute, die dem Kunden beratend zur Seite stehen. Vor allem für Anfänger in der Orchideenhaltung ist es wichtig, Anregungen bei der Auswahl geeigneter Pflanzen zu erhalten. Wenn sich die gekauften Pflanzen nicht so entwickeln wie erwartet, ist der Orchideenfachmann sicherlich auch gerne bereit, mit Rat und Tat zu helfen. Es gibt sogar Orchideen-Gärtnereien, die Pflanzen kurzfristig in Pflege nehmen. So ist sichergestellt, daß etwa nach der Urlaubsreise alle Orchideen gesund und wohlbehalten sind. Die meisten Fachhandlungen sind darauf eingerichtet, Orchideen zu versenden. Anhand von Pflanzenlisten oder -katalogen, die gegen Rückporto bzw. eine Schutzgebühr erhältlich sind, kann man seine Auswahl treffen. Wer sich für bestimmte Arten oder Züchtungen interessiert, kann sofort feststellen, ob die gewünschten Pflanzen lieferbar sind. Einem noch unerfahrenen Orchideenfreund wird es allerdings schwerfallen, nach einer Liste zu bestellen, da er nicht weiß, welche Farben und Formen sich hinter den Namen verbergen. Auch sollte man auf die Versandbedingungen achten. Es wird zum Beispiel unterschiedlich gehandhabt, wenn eine bestellte Art oder Sorte gerade nicht verfügbar ist. Manchmal wird eine Ersatzpflanze geliefert, wenn das nicht ausdrücklich auf der Bestellung ausgeschlossen wird. Ferner ist es wichtig zu wissen, daß ein Versand bei ungünstigen Witterungsbedingungen nicht erfolgt.

Die Auswahl geeigneter Pflanzen wird nicht nur durch das Angebot, sondern vor allem durch die Kulturbedingungen bestimmt. Wo sollen die Pflanzen kultiviert werden: auf einer Fensterbank, in einem speziellen Blumenfenster oder in einem Gewächshaus? Ein wesentlicher Gesichtspunkt ist der Temperaturbereich, der geboten werden kann. In der Orchideenkultur ist es üblich, drei Bereiche zu unterscheiden: kühl, temperiert und warm. Natürlich gibt es fließende Übergänge, doch kann man mit entsprechenden Kulturmaßnahmen dafür sorgen, daß sich jede Orchidee in dieses Schema einfügen läßt. Bei einer kühlen Kultur müssen die Pflanzen vor Sommerhitze geschützt sein, und im Winter sollten 15 °C nicht überschritten werden. Die Wintertemperaturen liegen bei der

temperierten Kultur bei 14–17 °C. Warm zu kultivierende Pflanzen verlangen eine fast gleichbleibende Wärme, die Temperatur sollte im Winter nicht unter 20 °C sinken. In einem Kulturraum kann man also nur Arten gemeinsam pflegen, die demselben Temperaturbereich angehören.
Ebenso wichtig ist das Platzangebot, das zur Verfügung steht. Eine so herrlich blühende Art wie *Angraecum sesquipedale* ist für eine Fensterbankkultur nicht zu empfehlen, da die Pflanzen gut einen Meter hoch werden können. Es muß auch bedacht werden, daß im vegetativen Zustand mittelgroße Pflanzen unter Umständen sehr große Blütenstände entwickeln. Das ist bei manchen Arten von *Odontoglossum* oder *Oncidium* gegeben. Entschließt man sich aus Platzmangel nur zwergwüchsige Arten zu kultivieren, ist zu bedenken, daß fast alle Zwergorchideen Epiphyten sind. Viele lassen sich nur in Blockkultur erfolgreich halten. Gerade die Pflege kleiner Arten erfordert viel Fingerspitzengefühl. Damit erhebt sich auch die vieldiskutierte Frage, ob es eine sogenannte »Anfänger-Orchidee« gibt. Pauschal gesehen gibt es eine solche Pflanze nicht. Aber es läßt sich für jeden künftigen Orchideenliebhaber individuell die Art finden, die er unter den gegebenen Bedingungen leicht und erfolgreich kultivieren kann. Natürlich spielt auch eine Rolle, wie widerstandsfähig und flexibel eine Pflanze ist. Im allgemeinen werden Hybriden auch auf solche Eigenschaften hin gezüchtet und sind deshalb Wildformen vorzuziehen.

In einem Wintergarten schaffen Phalaenopsis- und Cattleya-Hybriden zusammen mit Bromelien ein exotisches Ambiente.

Einige weitere Dinge sollte man beim Orchideenkauf noch beachten. Jede Pflanze, ob Naturform oder Hybride, muß mit ihrem Namen gekennzeichnet sein. Auch daran lassen sich gut und schlecht geführte Gärtnereien erkennen. Ein Schild mit der Aufschrift »Orchidee« reicht zur Information nicht aus. Nur mit korrektem Namen versehene Exemplare ermöglichen es, mehr über die Pflanze in Erfahrung zu bringen, um sie dann optimal pflegen zu können. Es versteht sich von selbst, nur gesunde und kräftige Pflanzen auszuwählen. Die Pseudobulben müssen straff sein. Fleckige Blätter sind ein Zeichen für Schwäche oder Krankheit. Gut entwickelte und kräftige Neutriebe dagegen sind Merkmale, die für die Qualität der Pflanzen sprechen, ebenso ein reichlicher Blütenansatz. Kauft man Orchideen mit noch knospigen Blütenständen, besteht die Gefahr, daß die Knospen abgeworfen werden. Schon beim Heimtransport kann die Pflanze durch größere Temperaturdifferenzen einen Schock erleiden. Deshalb sollten die Pflanzen im Winter gut eingepackt werden. Das neue Standquartier bedeutet für die Orchidee ebenfalls eine Streßsituation. Die Knospen können gelb werden und abfallen. Um dies zu vermeiden, sollte man entweder Pflanzen mit noch sehr jungen Blütenständen kaufen oder aber bereits voll erblühte Exemplare.

Kulturräume

Nur wenige Pflanzenfreunde sind in der glücklichen Lage, ein Gewächshaus zu besitzen. Aber hier ist nach wie vor der ideale Ort für Orchideen. Doch bieten auch Haus oder Wohnung Möglichkeiten. Es läßt sich überall ein Platz finden, der, notfalls auch mit einigen technischen Hilfsmitteln, in ein kleines Blütenreich verwandelt werden kann.

FENSTERBANK

Etwas problematisch kann die Orchideenkultur auf einer Fensterbank schon sein. Aber mit einigen Tricks und vor allem einer geeigneten Pflanzenauswahl läßt sich hier ein gutes Quartier schaffen. Die Fensterbank ist ein Platz, über den jeder verfügt, auch wenn die Wohnung nur aus einem Zimmer besteht. Voraussetzung ist allerdings, daß das Fenster eine Mindestgröße von einem Quadratmeter hat, nur dann sind die Lichtverhältnisse ausreichend. Grundsätzlich spielt es keine Rolle, in welcher Himmelsrichtung das Fenster liegt, sofern entsprechende Maßnahmen getroffen werden. Bestens geeignet ist ein Ostfenster. Hier spendet die Morgensonne viel Licht, gibt aber nicht zu viel Wärme ab. Ein Westfenster muß eventuell in den Sommermonaten beschattet werden, da die direkte Sonneneinstrahlung zu einer Überhitzung der Pflanzen führt. Ein Südfenster ist unbedingt zu beschatten. Selbst sonnenliebende Orchideen würden an einem solchen Platz ohne Sonnenschutz zugrunde gehen. Das Nordfenster wird oft als ungeeignet für eine Pflanzenkultur befunden. Natürlich

Für eine Kultur auf der Fensterbank sind vor allem Hybriden geeignet, da sie widerstandsfähiger sind. Cattleya-, Vanda-, Phalaenopsis-, Oncidium- und Paphiopedilum-Hybriden können auch auf Ihrer Fensterbank so herrlich blühen.

Im offenen Blumenfenster herrscht eine üppige Pflanzenvielfalt: Orchideen, Bromelien und Farne sind versammelt und wetteifern mit Blüten- und Blattformen.

gibt es viele Arten, die hier nicht gedeihen würden. Aber schattenverträgliche Orchideen kann man auch am Nordfenster pflegen, sofern es ausreichend hell ist. Selbst wenn das nicht der Fall sein sollte, kann man durch Zusatzlicht nachhelfen.

Unter der Fensterbank befinden sich meist die Heizkörper. Das hat Vorteile, aber auch Nachteile. Es ist von Vorteil, wenn die Pflanzen »einen warmen Fuß« haben. Auf einer kalten, steinernen Fensterbank fühlen sich Orchideen nicht wohl. Dann sollte man Wärmeunterlagen benutzen, die je nach Größe bis zu 140 Watt Leistung erbringen. Auch die Luftbewegung, die von der aufsteigenden Warmluft der Heizkörper ausgeht, kommt den Pflanzen zugute. Allerdings darf diese Warmluft keine austrocknende Wirkung haben. Man muß deshalb für ausreichende Luftfeuchtigkeit sorgen. Gut geeig-

Orchideen für die Fensterbank:
Cattleya, Zwerg-Cymbidien, Odontoglossum, Oncidium, Paphiopedilum, Phalaenopsis

Orchideen für das Blumenfenster:
Angraecum, Dendobrium-Hybriden, Oncidium kramerianum, Oncidium papilio, Paphiopedilum callosum

net sind wassergefüllte Schalen, in die die Orchideentöpfe auf einen Gitterrost gestellt werden, so daß sie nicht im Wasser stehen. Es genügt aber auch, kleine, wassergefüllte Schalen aufzustellen oder einen Verdunster am Heizkörper anzubringen. Als andere Möglichkeit ließe sich auch statt der Wasserschalen ein Lava-Quellenbrunnen auf der Fensterbank anbringen. Eine Regulierung der Luftfeuchtigkeit ist mit elektrischen Luftbefeuchtern möglich (siehe auch Seite 40). Problematisch für die Pflanzen kann die Lüftung in der kalten Jahreszeit sein. Kalte oder sogar frostige Zugluft führt oft zu nicht wiedergutzumachenden Schäden (siehe Seite 41).
Der Standort Fensterbank wird sicherlich vom Orchideensammler zuerst genutzt. Doch schon bald wird es hier an Platz mangeln. Es ist zwar günstig für die Pflanzen, wenn sie sich gegenseitig berühren, da so ein eigenes Mikroklima erzeugt wird. Doch die Pflanzen dürfen sich – auch aus optischen Gründen – keinesfalls gegenseitig behindern. Falls kein anderer Kulturraum zur Verfügung steht, gibt es Möglichkeiten, für die Sammlung mehr Platz zu schaffen. Man kann z. B. die Fensterbank zum Raum hin verbreitern. Wenn kleinwüchsige Orchideen kultiviert werden, läßt sich auch mit dem Aufstellen von durchsichtigen Regalen (Glas oder Kunststoff) oder einzelnen Ständern und Säulen Stellfläche gewinnen. Durch das Aufhängen von Pflanzenampeln läßt sich das Fenster weiter nutzen. Epiphytenkörbchen sollten besser in einem Blumenfenster oder in einer Pflanzenvitrine untergebracht werden, da das Gießen problematisch ist.

BLUMENFENSTER

Blumenfenster sind von vornherein mit speziellen Vorrichtungen ausgestattet, die eine nahezu ideale Kultur ermöglichen. Dazu gehört in erster Linie eine eingebaute Pflanzenwanne. Diese muß mit einem Ablauf und Dränageschichten aus Kies und Sand versehen sein. Die Füllung kann aus Torf oder Blähton bestehen. Die Pflanzen sollten nicht direkt, sondern in ihren Töpfen eingesetzt werden. Das erleichtert die Pflegearbeiten, und die Pflanzen können problemlos ausgetauscht werden. Ein Blumenfenster ermöglicht es, die vielfältigen Wuchsformen der Orchideen und anderer Pflanzen zur Geltung zu bringen. Mit einem Epiphytenstamm kann man die Höhe des Fensters nutzen. Auch Epiphytenkörbchen finden hier einen guten Platz. Mit kletternden Pflanzen lassen sich Seitenwände begrünen oder auch der Epiphytenstamm gestalten. Schattenliebende Arten werden in Raumnähe, also mit Abstand zur Fensterfront plaziert. Bei genügend Platz lassen sich auch kleinere Lavabrocken zu einer Felslandschaft gruppieren, die man mit Lithophyten bepflanzen kann. Nochmals muß betont werden, daß nur Pflanzen mit einheitlichen Temperaturansprüchen eine Gemeinschaft bilden können. Dabei spielt auch die Art des Blumenfensters eine entschei-

Paphiopedilum-, Phalaenopsis- und Oncidium-Hybriden schmücken den Wintergarten mit tropischen Blüten.

dende Rolle: Es gibt offene und geschlossene Blumenfenster, also entweder zum Raum hin frei zugänglich oder durch eine Scheibe abgetrennt. In beiden Fällen müssen technische Einrichtungen zur Aufrechterhaltung des Klimas vorhanden sein. Beim *offenen Blumenfenster* ist oftmals die Raumheizung in die Konstruktion mit einbezogen, so daß eine zusätzliche Heizung nicht nötig ist. Das bedingt aber eine Einrichtung, die für die notwendige Luftfeuchtigkeit sorgt. Auch an Lüftungsklappen muß gedacht werden, die im Sommer eine Überhitzung verhindern und eine Frischluftzufuhr ermöglichen. Mit Pflanzenleuchten sollte eine zusätzliche Lichtquelle geschaffen werden. So ausgestattet lassen sich Pflanzen des temperierten Bereiches im offenen Blumenfenster kultivieren.

Das *geschlossene Blumenfenster* schließt die Raumheizung aus und benötigt daher eine Zusatzheizung. Vorteilhaft wirkt sich der geschlossene Raum auf die Luftfeuchtigkeit aus. Die Feuchtigkeit, die sich durch das Gieß- und Sprühwasser bildet, ist meist ausreichend. Stehende, stickige Luft wird durch den Einbau eines Ventilators vermieden. Dadurch wird verhindert, daß sich in der feuchten Atmosphäre Pilze ausbreiten. Mehr noch als beim offenen Blumenfenster sind Lüftungsklappen und Zusatzbeleuchtung notwendig. Im geschlossenen Blumenfenster ist es möglich, Orchideen des warmen Temperaturbereiches zu kultivieren, da die für diese Pflanzengruppe erforderliche hohe Luftfeuchtigkeit gewährleistet werden kann. Als Begleitpflanzen lassen sich sehr gut Bromelien verwenden, aber nur solche mit grünen Blatttrichtern.

Graublättrige Tillandsien, die vermehrt im Angebot der Gärtnereien erscheinen, sind nur für den temperierten Bereich geeignet.

PFLANZENVITRINE

Eine Pflanzenvitrine entspricht in ihrem Aufbau einem geschlossenen Blumenfenster. Es ist möglich, eine Pflanzenvitrine in die Wand zwischen zwei Zimmern einzubauen. Meist aber wird sie als ein mehr oder weniger transportables »Möbelstück« verwendet. Die Größe ist ebenso wie die Ausstattung sehr variabel und reicht bis zu raumdominierenden Tropicarien, die, mit einem kleinen Wasserlauf versehen, einen Ausschnitt des tropischen Regenwaldes darstellen wollen. Ein geübter Heimwerker kann sich auch eine Vitrine nach Maß anfertigen. Elektrische Installationen sollten allerdings vom Fachmann ausgeführt werden. Pflanzenvitrinen sind nicht nur Kultur-, sondern vor allem Ausstellungsräume, sozusagen Schaufenster für Pflanzen. Um diesem Schaueffekt gerecht zu werden, sollte man nichtblühende oder unansehnlich gewordene Exemplare laufend entfernen. Für solche Pflanzen benötigt man dann allerdings einen zusätzlichen Kulturraum.

TIP Der ideale Standort für ein Gewächshaus ist nahe beim Wohnhaus (wegen der Versorgungstechnik) sowie in der Nähe eines Laubbaumes, der im Sommer Schatten spendet und im Winter das Licht durchläßt. Mit der Versorgungstechnik läßt sich der Temperaturbereich frei wählen. Auf diese Weise können Sie Orchideen aller Temperaturbereiche kultivieren.

WINTERGARTEN

Der Wunsch nach Naturnähe ist heute wieder ausgeprägt und das Wohnen mit Pflanzen beliebt. Nirgendwo kommt man diesem Wunsch näher als im Wintergarten. Hier können nicht nur mittelgroße Topfpflanzen, sondern auch große Kübelpflanzen kultiviert werden. Ein Wintergarten muß beheizbar sein, will man Orchideen darin pflegen. Er muß ebenso zu beschatten und gut belüftbar sein. Hält man die Temperaturen niedrig, kann der Wintergarten als Kalthaus genutzt werden. Dann eignet er sich allerdings nicht mehr für gemütliche Aufenthalte, da die Temperaturen im Winter um 15 °C betragen sollten.

KLEINGEWÄCHSHAUS

Ein Gewächshaus ist der beste Platz für die Kultur von Orchideen. Wenn als Stellfläche ein Treppentisch eingebaut ist, können sehr viele Pflanzen untergebracht werden. Die Pflege der Pflanzen kann ohne Rücksicht auf Einrichtungsgegenstände, wie das im Wohnbereich notwendig ist, erfolgen. Man muß allerdings bedenken, daß die Pflege eines gut bestückten Gewächshauses mit einigem Zeitaufwand verbunden ist, ganz abgesehen von den Kosten. Zu berücksichtigen sind nicht nur die Anschaffungs-, sondern auch die laufenden Kosten für Heizung, Strom und Wasser. Ein Kostenvergleich der angebotenen Gewächshaustypen ist in jedem Fall lohnend, und der Erfahrungsbericht eines langjährigen Gewächshausbesitzers kann wertvolle Ratschläge und Anregungen geben.

Epiphytisch wachsende Orchideen lassen sich in einem Kleingewächshaus problemlos pflegen.

KELLERKULTUR

Der Vollständigkeit halber soll auch noch eine etwas ungewöhnliche Pflegemöglichkeit vorgestellt werden. Kellerkultur heißt, daß die Orchideen in einem Raum gepflegt werden, der über kein oder wenig Tageslicht verfügt. Es handelt sich also um eine Kultur unter Kunstlichtbedingungen. Das kann durchaus erfolgreich sein, wenn der Raum entsprechend ausgestattet ist. Eine zusätzliche Heizung erübrigt sich meist, da Kellerräume häufig von Heizungsrohren durchzogen werden. Luftbefeuchter und Ventilator sind allerdings notwendig, eine gute Beleuchtung ist natürlich Voraussetzung. Bei der Kostenrechnung ist nicht nur die Einrichtung des Raumes zu berücksichtigen, sondern auch die Kosten, die der Stromverbrauch der Lampen mit sich bringt. Da die Lampen sehr lichtstark und jeden Tag 12–13 Stunden in Betrieb sein müssen, ist der Stromverbrauch doch beträchtlich. Als Kompromiß kann man hier nur solche Orchideen kultivieren, die die Sommermonate im Freien verbringen, der Kellerraum dient dann nur als Winterquartier.

12292

Pflege und Vermehrung

Orchideen haben andere Ansprüche an die Pflege als die meisten Zimmerpflanzen. Sie wachsen in einem speziellen Pflanzsubstrat. Die Grundvoraussetzung einer erfolgreichen Kultur ist, die Lebensbedürfnisse Licht, Luft, Feuchtigkeit, Temperatur und Nährstoffe harmonisch aufeinander abzustimmen. Hierzu erhalten Sie ausführliche Anleitungen. Um den Bestand einer Orchideensammlung zu erhalten, müssen die Pflanzen vermehrt werden. Es werden die verschiedenen Methoden erläutert und entsprechende Empfehlungen gegeben.

Phalaenopsis Jungpflanzen in der Anzucht. Bereits an den Blättern kann man manche Sorten unterscheiden.

KULTUR DER PFLANZEN

Pflanzliches Leben wird weitgehend von vier Faktoren bestimmt: von Licht, Temperatur, Feuchtigkeit und Nährstoffen. Gerät nur einer der Faktoren über oder unter einen bestimmten Grenzwert, so stirbt die Pflanze ab. Deshalb ist es für die Pflanzen lebensnotwendig, daß der Kultivateur ihre Ansprüche und Bedürfnisse genau kennt. Für Kulturpflanzen, noch dazu wenn sie aus einem völlig anderen Klimabereich stammen, müssen alle Lebensbedingungen mehr oder weniger künstlich herbeigeführt und reguliert werden. Deshalb sei an dieser Stelle nochmals betont: Je besser man den Aufbau einer Pflanze und die ökologisch-klimatischen Gegebenheiten ihres natürlichen Standortes kennt, desto erfolgreicher kann man die erforderlichen Bedingungen in der Kultur imitieren. Allerdings muß in der Zimmerkultur noch ein weiterer Faktor berücksichtigt werden, der für das Wohl der Pflanzen wichtig ist, nämlich frische Luft und Luftbewegung. Natürlich stehen alle Faktoren in Abhängigkeit zueinander. Man kann also bei ungünstigen Werten eines Faktors mit dem anderen regulierend entgegenwirken, zum Beispiel bei erhöhten Temperaturen durch mehr Luftfeuchtigkeit und Luftbewegung.

Hinweis:

Die Ruhezeit entspricht den tropischen Trockenperioden (etwa zeitgleich mit unserem Winter). Viele Orchideen blühen zu Beginn oder während der Ruhezeit, manche kurz danach. In dieser Zeit darf ihnen nicht zuviel Feuchtigkeit zugeführt werden, da sie sonst nicht blühen und nur schwache, neue Triebe ausbilden. Orchideen mit derben Blättern und dicken Bulben brauchen eine Trockenperiode. Orchideen mit zarten Blättern und stark reduzierten bzw. gar keinen Bulben dürfen nie völlig austrocknen.

LICHT

Mit Hilfe von Licht sind die Pflanzen in der Lage, einen Prozeß abzuwickeln, der als Photosynthese bekannt ist. Durch Photosynthese entstehen energiereiche Verbindungen, die zur Aufrechterhaltung aller Lebensvorgänge der Pflanze gebraucht werden. Doch der Faktor Licht hat vor allem auch Auswirkungen auf das Wachstum der Pflanzen, die wir beobachten können. Lichtmangel bewirkt einen lockeren Wuchs; die Sproßglieder verlängern sich, weil die Pflanze durch Streckung in den Genuß von mehr Licht zu kommen versucht. Die Blätter werden weich und schlaff. Demgegenüber bewirkt zu viel Licht einen gedrungenen Wuchs: Die Pflanze »duckt« sich, um dem Licht zu entkommen. Die Blätter sind hart und oft rötlich überlaufen, ein Pigmentschutz für das Gewebe. Starkes Licht kann in Verbindung mit hohen Temperaturen zur Vergilbung der Blätter oder sogar zu Verbrennungen führen. Werden bei knospentragenden Orchideen die Blütenstiele gelb und die Knospen schließlich abgeworfen, so ist meist Lichtmangel die Ursache dafür.

Alle Pflanzen sind an die herrschenden Umweltbedingungen ihres natürlichen Standortes angepaßt. Für die tropischen Orchideen bedeutet das einen Lichtkonsum von 12 Stunden täglich bei gleichbleibendem Sonnenstand. In unseren Breiten sind die Orchideen extremen Lichtschwankungen ausgesetzt. Im Verlauf der Jahreszeiten wechselt nicht nur die Höhe des Sonnenstandes, sondern auch die Tageslichtdauer. Unter solchen Bedingungen ist ein Ausgleich vonnöten. In der lichtarmen Jahreszeit kann man durch eine künstliche Lichtquelle einen 12-Stunden-Tag schaffen. Andererseits muß vielleicht die intensive Sonneneinstrahlung im Sommer gedämpft werden. Eine *Beschattung* ist erforderlich. Vor allem Süd-, aber auch Westfenster sollten mit einer entsprechenden Vorrichtung ausgestattet sein, zum Beispiel einer Markise oder Lamellenjalousien. Die Sonnenstrahlen werden bereits vor dem Fenster abgehalten und im Raum entsteht dadurch weniger Wärme. Ein Gewächshaus muß im Sommer unbedingt beschattet werden. Das geschieht am besten durch einen Anstrich mit Schattierfarbe, die im Herbst wieder abgewaschen wird. Zusätzlich muß man aber Binsenmatten oder ähnliches auf dem Dach anbringen. Außerhalb der Sommermonate ist vor allem die erste Frühlingssonne gefährlich. Die Pflanzen müssen sich nach der lichtarmen Jahreszeit erst wieder allmählich an intensivere Strahlung gewöhnen. Deshalb kann unter Umständen schon im März eine kurzfristige Beschattung notwendig sein.

Der *Lichtbedarf* der Orchideen ist je nach Art unterschiedlich. Die verschiedenen Standorte, die in der Heimat besiedelt werden, verdeutlichen das. So gibt es schattenliebende Bodenbewohner, Stammepiphyten, die den Halbschatten bevorzugen und Zweigepiphyten, die volles Sonnenlicht benötigen. Aufgrund der Beschaffenheit der Blätter läßt sich auf den Lichtbedarf der Pflanzen schließen. Orchideen mit weichen Blättern brauchen einen schattigen Standort. Solche mit großen, fleischigen Blättern sind schattig bis halbschattig unterzubringen. Derbe Blätter deuten auf einen größeren Lichtbedarf hin. Eine Reduktion der Blattoberfläche zeigt an, daß die Pflanzen ausgesprochen sonnenbedürftig sind. Die Beleuchtungsstärke wird in Lux (lx) gemessen. An einem sonnigen Sommertag zum Beispiel beträgt die Beleuchtungsstärke im Freien etwa 100 000 lx, im Winter dagegen nur noch 10 000 lx. Hinter der Fensterscheibe wird die Beleuchtungsstärke vermindert. Sie wird weiter reduziert mit zunehmendem Abstand vom Fenster. Es kann sogar sein, etwa an einem Nordfenster in den Wintermonaten, daß die natürliche Beleuchtungsstärke der Sonne für das pflanzliche Wachstum oder sogar die Aufrechterhaltung der Lebensvorgänge nicht mehr ausreicht. Hier muß eine *künstliche Lichtquelle* die notwendige Energie liefern. Versuche haben im übrigen erwiesen, daß im Bedarfsfall mit Zusatzlicht versorgte Orchideen eine deutliche Wachstumssteigerung zeigen, so daß Jungpflanzen viel schneller die blühfähige Phase erreichen. Da für Pflanzen nur bestimmte Lichtanteile nutzbar sind, ist es zwecklos, normale Glühbirnen als Zusatzlicht anzubringen. Dafür gibt es im Fachhandel spezielle Leuchtstoffröhren. Man bekommt sie in verschiedenen Leistungsstärken. Für das Gewächshaus

TIP Unter dem Licht von Pflanzenleuchten erholen sich frischgetopfte und schattengeschädigte Orchideen sehr gut. Steht nur das Licht einer Leuchte zur Verfügung, so lassen Sie diejenigen Orchideen darin baden, deren Blütenimpuls geweckt werden soll.

und die Kellerkultur sind leistungsstarke Hochdruckquecksilberlampen (HQL) zu empfehlen. Sie können allerdings nur eingesetzt werden, wenn zwischen Lichtquelle und Pflanzen ein entsprechend großer Abstand besteht. Die Beleuchtungsdauer aus natürlicher und künstlicher Quelle darf 14 Stunden am Tag nicht übersteigen. Ausreichend sind 12 Stunden. Bei der Installation einer Pflanzenleuchte sollte man auch eine Zeitschaltuhr einplanen. Sie gewährleistet bei Abwesenheit des Kultivateurs eine ausreichende Beleuchtung.

TIP Sollen die Orchideen im Winter auf der Fensterbank bleiben, so machen sie den Kerzentest. Steigt die Kerzenflamme nach oben, ist das Fenster dicht. Flackert sie, müssen die Ritzen isoliert werden.

TEMPERATUR

Die Wachstums- und Entwicklungsprozesse jeder Pflanze sind temperaturabhängig. Nur innerhalb eines bestimmten Temperaturbereiches, der von Art zu Art unterschiedlich sein kann, ist die Pflanze lebensfähig. Bei Über- oder Unterschreiten einer Temperaturgrenze wird die Aktivität eingestellt und bei fortschreitender Kälte oder Hitze stirbt die Pflanze schließlich ab. Das bedeutet aber nicht, daß die Pflanzen mit einer stets gleichbleibenden, optimalen Temperatur am besten wachsen, denn die Ansprüche einer Pflanze können im Laufe ihrer Entwicklungsphasen beträchtlich variieren. So legen zum Beispiel manche Orchideen eine Ruheperiode bei deutlich niedrigeren Temperaturen ein. Erfolgt keine Temperaturabsenkung, so wird der Entwicklungszyklus gestört, die Pflanze kommt nicht zur Blüte. Man muß also auch die klimatischen Verhältnisse am Naturstandort imitieren, um optimale Bedingungen zu bieten.

In der Orchideenpflege unterscheidet man drei *Kulturbereiche*: kühl, temperiert und warm. Dabei variieren die Temperaturen der einzelnen Bereiche sowohl im Wechsel der Jahres- als auch der Tageszeiten.

Temperaturbereich		**kühl**	**temperiert**	**warm**
Sommer	Tag	16–21 °C	18–24 °C	20–25 °C
	Nacht	13 °C	16–18 °C	18–20 °C
Winter	Tag	13–16 °C	16–21 °C	20–25 °C
	Nacht	10 °C	13–16 °C	18–20 °C

Die Temperaturangaben in der Tabelle sind Durchschnittswerte. Sie können über- oder unterschritten werden, ohne daß die Pflanzen dadurch gestört oder gar geschädigt werden, wenn die Abweichungen befristet sind. Selbstverständlich liegen die Temperaturen im Sommer nicht immer zwischen 18 und 25 °C. An heißen Tagen muß man daher beschatten, reichlich gießen, für erhöhte Luftfeuchtigkeit und Luftbewegung sorgen. Wichtig für alle Temperaturbereiche ist die

sogenannte *Nachtabsenkung*. Die Nachttemperaturen sollten wenigstens um 3 °C niedriger liegen als die Tageswerte. Viele Orchideen brauchen diesen tagesperiodischen Temperaturgegensatz in einer bestimmten Entwicklungsphase, damit die Blütenbildung eingeleitet werden kann. Abweichend von den angegebenen Temperaturwerten sind Jungpflanzen zu kultivieren. Sie sollten stets wärmer gehalten werden als es der ihnen entsprechende Kulturbereich eigentlich erfordert.
Die Temperaturmessung und -kontrolle gehört zum Pflegeprogramm der Orchideen. Ein Raumthermometer genügt für diesen Zweck. Es sollte aber in Pflanzennähe hängen, damit die hier herrschende Temperatur exakt ermittelt werden kann. Praxisgerechter ist ein Minimum-Maximum-Thermometer. Es speichert die Höchst- und Niedrigstwerte und zeigt somit die tagesperiodische Schwankung an. Im Zimmer dient meist ein Thermostat zur Regulierung der Wärme. Im Gewächshaus sollte nicht nur ein Temperaturregler, sondern auch ein Temperatur-Warngerät angebracht sein. Denn ein Stromausfall oder Heizungsdefekt kann zu erheblichen Pflanzenverlusten führen, wenn der Schaden nicht rechtzeitig bemerkt wird.
Doch nicht die Raumtemperatur allein ist für das Wohlbefinden der Orchideen von Bedeutung. Im Winter können partielle Kältestellen das Wachstum der Pflanzen beeinträchtigen. Die Verursacher können schlecht isolierte Fenster und kalte Steinfensterbänke sein. Bei zugigen Fenstern schafft nur ein handwerklicher Eingriff Abhilfe. Eine einfache Isolierung in Form von Styroporplatten hilft bei kalten Fensterbänken. Es können auch elektrisch beheizte Wärmematten, die im Fachhandel erhältlich sind, verwendet werden.
Grundsätzlich ist festzuhalten, daß hohe Temperaturen mit erhöhter Luftfeuchtigkeit kompensiert werden müssen. Entsprechend kann bei niedrigen Temperaturen die Luftfeuchtigkeit gesenkt werden.

TIP Orchideen gießt und besprüht man am besten vormittags. Die Pflanze hat dann ausreichend Zeit abzutrocknen, ehe es abends kühl oder die Heizung heruntergedreht wird. So läßt sich Verdunstungskälte, die den Wurzelbereich schädigen kann, vermeiden.

WASSERVERSORGUNG
Pflanzen bestehen zu 60–90% aus Wasser. Da sie Wasser an die Umgebung abgeben, muß das Wasserdefizit durch ständige Wasseraufnahme wieder ausgeglichen werden. In der Natur entnehmen die meisten Pflanzen dieses Wasser über ihre Wurzeln dem Boden. Durch Gießen sorgt man in der Kultur für die Wasserversorgung. Epiphytische Orchideen können die Feuchtigkeit der Luft verwerten und das Wasser nicht nur über die Wurzeln aufnehmen, sondern auch über Sproß und Blätter. Das für Orchideen am besten geeignete *Gießwasser* ist schwach saures und weiches Wasser. Ob Wasser sauer, neutral oder alkalisch ist, läßt sich leicht mit Indikatorpapier feststellen. Man bekommt es im Fachhandel oder auch in der Apotheke. Gemessen wird der pH-Wert des Wassers, das ist das Maß für die Wasserstoffionenkonzentration.

Ein Wert von 7 zeigt neutrales Wasser an, bei Werten darunter ist das Wasser sauer, bei Werten darüber alkalisch. Ein günstiger pH-Wert für das Orchideen-Gießwasser liegt zwischen 5 und 6. Das Indikatorpapier reagiert durch unterschiedliche Färbung. Anhand einer beigefügten Farbskala kann der Säuregrad abgelesen werden. Es gibt elektronisch arbeitende pH-Meter, die auch für Bodenmessungen geeignet sind. Des weiteren ist der *Härtegrad* des Wassers von Bedeutung. Ausschlaggebend ist der Gehalt an Kalzium- und Magnesiumverbindungen. Gemessen wird in Grad deutscher Härte (° dH). Die Skala reicht von 0–100. Bis 8 °dH handelt es sich um weiches Wasser, bis 12 °dH um mittelhartes Wasser, ab 13 °dH um hartes Wasser. Orchideen benötigen unbedingt weiches Wasser. Auskunft über den Härtegrad des Leitungswassers erteilt das zuständige Wasserwerk. Im allgemeinen kann man davon ausgehen, daß das Wasser in Gebieten mit wasserunlöslichem Untergrund (Quarz, Sandstein) weich ist. Dort, wo wasserlösliche Mineralien vorkommen, wird das Wasser hart sein.

Wenn man längere Zeit abwesend ist, gibt es auch für Orchideen geeignete Bewässerungssysteme.

Wie kommt man nun an schwach saures, weiches Wasser? *Regenwasser* hat im allgemeinen die Qualität, die von Orchideen gewünscht wird. Ausgenommen sind Gebiete mit starker Industrieansiedlung. Hier ist das Regenwasser zu sehr mit Schadstoffen belastet. Wird das Regenwasser über eine Dachrinne aufgefangen, sollte man darauf achten, daß die Sammelbehälter nicht schon bei beginnendem Regen das Wasser auffangen. Denn dieses Wasser bringt den Schmutz des ganzen Daches mit sich. *Leitungswasser* kann mit etwas Nachhilfe auf eine ausreichende Gießwasserqualität gebracht werden. In jedem Fall wird es chlorhaltig sein. Läßt man das Wasser 24 Stunden stehen, entweicht das Chlorgas. Außerdem gleicht sich in dieser Zeit die Wassertemperatur der Raumtemperatur an. Kaltes Gießwasser ist zu vermeiden. Eine Wasserenthärtung kann mit verschiedenen Methoden erfolgen. Die einfachste Methode besteht darin, ein mit ungekalktem Torf gefülltes Stoffsäckchen in die wassergefüllte Gießkanne zu hängen. Der Torf bindet den Kalk weitgehend und wird nur von Zeit zu Zeit ausgetauscht. Auch durch einfaches Abkochen des Wassers erreicht man eine Enthärtung. Nachteilig ist jedoch, daß dabei der im Wasser gebundene Sauerstoff entweicht. Handelsübliche Enthärtungssysteme funktionieren auf der Basis von Ionenaustauschern. Bei geringem Wasserbedarf kann man auch chemische Enthärtungsmittel benutzen, die jeweilige Gebrauchsanweisung ist zu beachten.

Die Wasserversorgung der Orchideen erfolgt je nach Kulturmethode durch *Gießen, Sprühen* oder *Tauchen* der Pflanzen. Gegossen wird am besten von oben in das Substrat hinein, das gleichmäßig benetzt werden soll. In das Herz der Pflanze sollte kein Wasser gelangen. Epiphytisch kultivierte Orchideen wer-

Ein Tauchbad erhalten Orchideen, die in Körbchen gepflanzt oder auf Hölzer gebunden sind, da beim üblichen Gießen viel Wasser ablaufen würde. Nach dem Tauchen müssen die Körbchen gut abtropfen, bevor sie wieder an ihren Platz gehängt werden.

den ausgiebig besprüht. Damit wird gleichzeitig für eine erhöhte Luftfeuchtigkeit gesorgt. Aus diesem Grund sollte man auch Topfpflanzen öfter besprühen. Bei blühenden Pflanzen dürfen die Blüten nicht naß werden, denn sonst welken sie vorzeitig. Das Tauchen kann bei Körbchen und Blockkultur angewandt werden. Epiphytenhölzer oder Körbchen werden in eine Schale mit Gießwasser getaucht. Die Pflanze muß danach gut abtropfen, damit durch zurückbleibendes Wasser keine Fäulnis entsteht. Dabei muß man mit den bepflanzten Körbchen oder Blöcken vorsichtig hantieren. Sonst besteht die Gefahr, daß die Pflanzen beschädigt werden. Ob Gießen, Sprühen oder Tauchen, die beste Tageszeit dafür sind die Morgenstunden. Dann sind die Pflanzen für die aktiveren Tagesstunden gut versorgt. Wie oft und wieviel gegossen werden muß, hängt von vielen Faktoren ab. Der Wasserbedarf ist von der Kulturmethode, klimatischen Gegebenheiten und dem Zustand der Pflanzen abhängig. Aufgebundene oder in Körbchen kultivierte Pflanzen trocknen schneller aus als solche in Töpfen. Die Substrate halten das Wasser besser oder schlechter, je nach ihrer Zusammensetzung. Der Wasserbedarf steigt mit zunehmenden Temperaturen und intensiver Sonneneinstrahlung sowie bei verstärkter Luftbewegung durch Wind oder Ventilator. Dagegen sinkt der Wasserbedarf bei hoher Luftfeuchtigkeit. Eine wesentliche Rolle für den Wasserhaushalt spielt der Entwicklungszustand der Orchidee. Eine Pflanze, die neue Triebe bildet, also in der Wachstumsphase ist, braucht mehr Wasser als eine Pflanze während der Ruhezeit. Grundsätzlich sollte man darauf achten, daß das

Substrat nie längere Zeit durchdringend naß ist, das würde die Sauerstoffzufuhr unterbinden. Wenn man unsicher ist, ob die Pflanze Wasser benötigt oder nicht, überprüft man das Substrat auf seine Feuchtigkeit hin. Trockenheit an der Oberfläche ist nicht ausschlaggebend. Wenn auch die inneren Substratschichten trocken sind, wird gegossen. Es ist besser, die Wassergaben etwas sparsamer als zu reichlich zu dosieren. Schließlich können die meisten Orchideen Wasser speichern – in Pseudobulben oder den fleischigen Blättern. Durch schrumpfende Pseudobulben und schlaffe Blätter zeigt die Pflanze an, daß sie zu wenig Wasser bekommt. Allerdings können schlaffe Blätter auch ein Zeichen für zuviel Wasser sein. Dann sind nämlich die Wurzeln abgefault und die Blätter ohne Wasserversorgung.

Eine mit Wasser gefüllte Plastikwanne sorgt für die notwendige Luftfeuchtigkeit. Die Töpfe stehen auf einem Gitterrost, denn die Orchideen dürfen keine »nassen Füße« bekommen.

LUFTFEUCHTIGKEIT

Je wärmer die Luft ist, desto mehr Wasserdampf kann sie aufnehmen. Eine erhöhte Luftfeuchtigkeit wirkt der Austrocknungsgefahr entgegen. Auf diese Weise kann die Substratfeuchte geringer gehalten werden. Sie wirkt sich positiv auf die Wurzeln aus. Bei gemäßigten Witterungsbedingungen ist die Luftfeuchtigkeit, auch im Zimmer, mit 50–60% für die meisten Orchideen ausreichend. Treten Bedingungen ein, die eine Austrocknung bewirken – Luftbewegung oder Erwärmung–, muß man die Luftfeuchtigkeit erhöhen. Besonders wichtig ist das in den Wintermonaten, wenn die Pflanzen der trockenen Heizungsluft ausgesetzt sind. Durch Sprühen erreicht man eine kurzzeitige Erhöhung der Luftfeuchtigkeit. In den Abendstunden sollte man nicht mehr sprühen. Durch die Nachtabsenkung der Temperatur ist die Luftfeuchtigkeit ohnehin erhöht. Das Aufstellen von wassergefüllten Schalen auf der Fensterbank erfüllt auch den Zweck. Dekorativer ist jedoch die Kultur von Zypergras *(Cyperus)* oder Pflanzen mit ähnlichen Ansprüchen in der Nachbarschaft. Zypergras ist eine Sumpfpflanze, die ständig im Wasser stehen will. Außerdem verdunstet die Pflanze das aufgenommene Wasser über die Blätter, man hat auf diese Weise einen lebenden Raumbefeuchter. Eine genaue Regulierung ist nur mit einem elektrischen Luftbefeuchter möglich. Bewährt hat sich aber auch ein einfacheres System. Eine große Plastikschale wird mindestens bodenbedeckend mit Wasser gefüllt. Damit die Orchideentöpfe nicht mit dem Wasser in Berührung kommen, stellt man sie auf einen Gitterrost oder auf einen Sockel aus umgestülpten Blumentöpfen oder Konservengläsern. Eine Vergrößerung der Verdunstungsoberfläche wird erreicht, indem man die Schale bis zur Höhe der Sockel mit Blähton füllt. Auch das Aufstellen eines Lava-Quellenbrunnens bewirkt die Erhöhung der Luftfeuchtigkeit. Er besteht aus einem Wasserbehälter, auf dem ein durchbohrter Lavastein sitzt. Ein Steigrohr und eine Umlaufpumpe sorgen für eine ständige Berieselung

des Steins mit Wasser. Geschickt integriert wirkt der Brunnen als belebendes landschaftliches Element.
Eine genaue Messung der Luftfeuchtigkeit ist mit einem Hygrometer möglich. Oft sind Hygrometer, Thermometer und Barometer in einer sogenannten Wetterstation vereinigt. Sie sind entweder auf Wohnräume oder auf den Außenbereich abgestimmt.

LUFTZUFUHR

Luft besteht vor allem aus Stickstoff und Sauerstoff. Sie enthält auch Kohlendioxyd, das für Pflanzen sehr wichtig ist. Nur wenn Kohlendioxyd vorhanden ist, kann die Photosynthese ablaufen, also der Prozeß, mit dem die Pflanzen energiereiche Verbindungen aufbauen können. Bei der Zimmerkultur ist stets genügend Kohlendioxyd vorhanden. Doch damit allein kommen die Pflanzen nicht aus. Sie benötigen ebenso Sauerstoff, damit sie die Energie wieder freisetzen können. Ein Luftaustausch ist daher bei der Zimmerkultur unerläßlich. Den Luftstickstoff können die Pflanzen nicht verwerten. Er muß ihnen in geeigneter Form als Dünger verabreicht werden. Frischluftzufuhr bzw. Luftbewegung ist nicht nur für die elementaren Lebensäußerungen der Pflanzen notwendig. Hohe Temperaturen werden durch Luftbewegung gemindert. Hohe Luftfeuchtigkeit in Verbindung mit stehender Luft, zum Beispiel in Blumenfenstern und Pflanzenvitrinen, bewirkt Fäulnis und das Wachstum von Pilzen. Das kann durch Luftumwälzung verhindert werden. Die Zufuhr von frischer Luft erfolgt bei der Zimmerkultur durch das geöffnete Fenster. Im Sommer ist das völlig unproblematisch. Im Winter dagegen kann die kalte Luft die Orchideen schädigen. Die Pflanzen dürfen keinesfalls direkt von der Kaltluft getroffen werden. Bei knospentragenden Orchideen vergilben sonst die Knospen rasch und werden abgeworfen. Günstig ist ein gekipptes Fenster, dann kann die kalte Außenluft langsam von oben einfließen. Eine Lüftungsklappe, wie sie auch für Vitrinen gefordert ist, kann zugluftsicher angebracht werden. Sind diese Maßnahmen nicht durchführbar, muß man die Pflanzen durch Abdecken vor der Winterluft schützen. Dient eine Veranda- oder Balkontüre zum Lüften, kann eine genügend hohe Styroporplatte die Orchideen abschirmen.
Eine zusätzliche Luftumwälzung ist auf der Fensterbank nicht erforderlich. Die Eigenbewegung der Luft, im Winter durch die Heizung herbeigeführt, ist ausreichend. Aber überall dort, wo hohe Luftfeuchtigkeit herrscht, muß ein Ventilator für Umwälzung sorgen.
Die Luft kann aber auch Transportmittel für schädliche Stoffe sein. Durch die Einwirkung von Ethylengas fallen Knospen und Blüten einer Orchidee ab. Ethylengas entsteht bei Verbrennungen, aber auch reife Äpfel produzieren dieses Gas. Bei Bromelien hat es im übrigen gegenteilige Wirkung, denn

Aufbau eines offenen Blumenfensters: Die Fensterscheibe ist mit einer Lüftungsklappe versehen. Die Lichtverhältnisse werden durch Pflanzenleuchte und Schattierung reguliert. Auf der Dränage der Pflanzenwanne stehen die Orchideen trocken aber in erhöhter Luftfeuchtigkeit. Der Heizkörper ist zusätzlich mit einem Luftbefeuchter ausgestattet. Zum Raum hin wird durch eine Innenjalousie oder Gardine die Luftfeuchtigkeit besser gehalten.

bei diesen Pflanzen wird durch Ethylen die Blütenbildung gefördert. Auch Tabakrauch ist den Orchideen nicht zuträglich.

DÜNGUNG

An ihrem natürlichen Standort können terrestrisch wachsende Orchideen über die im Boden vorhandenen Nährstoffe jederzeit verfügen. Dagegen müssen Epiphyten mit einer geringen und unregelmäßigen Nährstoffzufuhr auskommen. In der Kultur sind die Pflanzen von jeglicher natürlicher Versorgung abgeschnitten. Man muß ihnen also alle notwendigen Substanzen zur Verfügung stellen. Die Konzentration und Zusammensetzung des Düngers ist abhängig von der Orchideenart, ihrem Entwicklungszustand und vom Substrat. Terrestrisch wachsende Orchideen haben einen höheren Nährstoffbedarf als Epiphyten, ebenso Hybriden gegenüber Wildformen. Während der Wachstumsphase brauchen die Pflanzen reichlich Nährstoffe, in der Ruheperiode ist die Düngung auszusetzen. Je höher der Anteil an synthetischen und mineralischen Materialien in einem Substrat ist, desto mehr muß gedüngt werden. Organische Substratbestandteile zerfallen mit der Zeit und setzen Nährstoffe frei.

Man kann organisch oder mineralisch düngen. Die *organische Düngung* erfordert etwas Erfahrung, denn die Nährstoffe stehen nicht sofort zur Verfügung. Eine genaue Kenntnis des Entwicklungszyklus der Pflanzen ist notwendig, um den richtigen Zeitpunkt der Düngung zu bestimmen. Mit der organischen Düngung wird den Orchideen eine den natürlichen Bedingungen entsprechende Ernährung geboten. Außerdem sind viele Spurenelemente im Dünger enthalten. Das ist langfristig gesehen von Bedeutung. Im Handel sind an organischen Düngern zum Beispiel Guano oder auch getrockneter Rinderdung erhältlich. Die *mineralische Düngung* ist wesentlich einfacher. Die Nährstoffe stehen der Pflanze sofort zur Verfügung. Hauptsächlich enthalten die Dünger Stickstoff, Phosphor und Kalium. Der Stickstoff wirkt substanzbildend und fördert dementsprechend das vegetative Wachstum. Phosphor beeinflußt die Blütenbildung und Kalium sorgt für festes und straffes Gewebe. Man sollte den Pflanzen die Düngermischung anbieten, die sie aufgrund ihres Entwicklungszustandes gerade benötigen, im Frühjahr und Sommer einen stickstoffbetonten und im Spätsommer und Herbst mit dem Triebabschluß einen phosphorbetonten Dünger zur Anregung der Blütenbildung. Es empfiehlt sich ein spezieller Orchideendünger, der auch in den erwähnten unterschiedlichen Zusammensetzungen erhältlich ist. Die Dosierungsanweisung ist unbedingt einzuhalten. Normale Blumendünger sind für Orchideen zu stark konzentriert. Hauptsächlich sollte mineralisch gedüngt werden. Wenn dann ab und zu noch eine organische Düngung erfolgt, sind die Pflanzen optimal versorgt.

Richtig düngen

– Lieber öfter und stark verdünnt als selten und konzentriert düngen
– Nur während des Wachstums, wenn die Pflanzen Nährstoffe für die Entwicklung brauchen, düngen, nie während der Ruhezeit
– Niemals frisch umgetopfte Pflanzen düngen
– Nur gesunde, gut bewurzelte Pflanzen düngen
– Niemals auf ein trockenes Substrat düngen

Eine so üppig blühende Cymbidium-Hybride ist das Ergebnis einer optimalen Pflege.

Grundsätzlich kann man sagen, daß man besser öfter und schwach konzentriert düngen sollte als seltener und hoch konzentriert. Während des Wachstums der Pflanzen ist eine einmalige Düngung in der Woche völlig ausreichend. Während der Vegetationsruhe wird nicht gedüngt. Auch frisch verpflanzte Orchideen bekommen keinen Dünger. Das Substrat sollte beim Düngen nicht ganz ausgetrocknet sein, denn sonst wird die Nährflüssigkeit nicht gut aufgenommen. Eventuell kann man das Substrat kurz vorher befeuchten. Im übrigen läßt sich der Dünger nicht nur über das Gießwasser verabreichen, sondern auch durch Sprühen. Das ist bei epiphytisch kultivierten Orchideen nützlich, aber auch bei Topfpflanzen. Das Wasser mit den darin gelösten Nährstoffen wird über die Blätter aufgenommen. Man spricht daher von einer *Blattdüngung*. Sie sollte vor allem dann angewandt werden, wenn die Wurzeln einer Pflanze geschädigt oder regenerationsbedürftig sind. Die direkte Substratdüngung ist nur gesunden, gut bewurzelten Orchideen zuträglich.

Abhängig vom Säuregehalt des Substrates ist auch ein- bis zweimal im Jahr eine Düngergabe aus Dolomitkalk angebracht. Die Substratoberfläche wird einfach damit eingestäubt.

VERPFLANZEN

Beim Kauf einer Orchidee denkt man meist nicht daran, daß die Pflanze einmal ein größeres Gefäß bzw. eine neue Unterlage braucht. Wer noch nie eine Orchidee umgepflanzt hat, wird sich vielleicht davor scheuen, denn wie bei anderen Zimmerpflanzen kann man nicht verfahren. Aber mit ein wenig Fingerspitzengefühl kann jeder diese Arbeit bewältigen. Rat und Hilfe bekommt man sicher auch in einer guten Orchideengärtnerei.

Umgepflanzt werden muß, wenn die Orchidee für den Topf oder die Unterlage zu groß geworden ist oder ein kräftig entwickeltes Exemplar geteilt werden soll. Auch bei kranken Pflanzen kann eine Umquartierung von Vorteil sein, sie ist bei einer Wurzelerkrankung sogar unumgänglich. Hat sich bei der Topfkultur das Substrat so verdichtet, daß Staunässe entsteht, muß ebenfalls eingegriffen werden. Gewöhnlich ist eine Umpflanzung alle 2–3 Jahre nötig. Grundsätzlich sollte sie nur aus den genannten Gründen erfolgen. Vor allem epiphytisch kultivierte Kleinorchideen müssen möglichst lange ungestört wachsen und sollten höchstens alle 4–5 Jahre eine neue Unterlage erhalten.

Der richtige Zeitpunkt zum Verpflanzen wird bestimmt vom Entwicklungszustand der Orchidee. Sobald nach der Vegetationsruhe Wurzelwachstum einsetzt und sich neue Triebe bilden, kann verpflanzt werden. Meist wird das im Frühjahr der Fall sein. Bei *Paphiopedilum* können sich bereits im Januar oder Februar neue Wurzeln bilden. Orchideen, die keine Vegetationsruhe durchmachen, wie zum Beispiel *Phalaenopsis,* kann man, mit Ausnahme der Wintermonate, nach Bedarf verpflanzen. Am besten geschieht das nach der Blüte.

TIP Hohe oder schwere Orchideen mit eher schwachen Wurzeln können nach dem Umtopfen in dem lockeren und leichten Substrat umkippen. Man steckt deshalb am besten einen dünnen Holz- oder Plastikstab tief in das Substrat und bindet die Pflanze so daran fest, daß sie Halt hat und sich dennoch frei entfalten kann.

VORBEREITUNG

Bevor mit der eigentlichen Verpflanzarbeit begonnen werden kann, sind einige Vorbereitungen zu treffen. Einen Tag vorher sollten die umzusetzenden Pflanzen gegossen werden. Die Wurzeln sind in feuchtem Zustand elastischer und brechen nicht so leicht ab. Auch das frische Substrat sollte etwas angefeuchtet werden. Die neuen, sauberen Gefäße oder Pflanzunterlagen werden bereitgestellt. Falls erforderlich, kann man die Gefäße in einer Chinosol-Lösung oder ähnlichem desinfizieren. Die Größe des neuen Topfes ist so zu wählen, daß die Pflanze für die nächsten zwei Jahre ungehindert darin wachsen kann. Keinesfalls darf man aber zu große Töpfe nehmen. Das würde eine Hemmung des Wurzelwachstums zur Folge haben. Ist der neue Topf zwei Nummern (cm) größer als der alte, hat er meist das richtige Maß. Der neue Topf wird bis zu einem Drittel mit einer Dränageschicht gefüllt. Geeignete Materialien sind Styroporflocken, Blähton oder Topfscherben. Bei großen, schweren Pflanzen empfiehlt sich eine Dränage aus Kieselsteinen. Dadurch erhöht sich die Standfestigkeit der getopften Pflanzen. Bei Pflanzunterlagen gibt es keine Normen. Hier sind es weitgehend ästhetische Gesichtspunkte, die die Ausmessungen der neuen Unterlage bestimmen. Sie muß aber so groß sein, daß die Pflanze 4–5 Jahre darauf wachsen kann. Das beste und billigste Material zum Aufbinden der Epiphyten liefern quer in Streifen geschnittene, ausgediente Feinstrumpfhosen, eine elastische, dennoch strapazierfähige und dauerhafte Befestigung. Nichtrostenden Draht, zum Beispiel Kupferdraht, kann man ebenfalls verwenden. Er hat gegenüber den Nylonbändern einen großen Nachteil: Empfindliche Pflanzenteile können durch zu straffes Anbinden verletzt werden.

UMTOPFEN

Der Wurzelballen der Pflanze muß vorsichtig aus dem alten Gefäß gelöst werden. Die Wurzeln, die sich natürlicherweise mit der Topfwand verbunden haben, dürfen nicht beschädigt werden. Bei Tontöpfen ist es besser, den Topf zu zerschlagen. Nicht ablösbare Scherben beläßt man an den Wurzeln, sie werden einfach wieder eingepflanzt. Der Wurzelballen wird gelockert und altes Substrat abgeschüttelt. Mit einem scharfen Messer oder einer Rosenschere, die eventuell vorher desinfiziert wurden, werden alte, vertrocknete Wurzeln herausgeschnitten. Ebenso entfernt man alte, vertrocknete Pseudobulben. Falls notwendig oder gewünscht, teilt man die Pflanze. Bei sympodial wachsenden Arten müssen mehr als drei Pseudobulben beisammen bleiben. Alle Schnittstellen werden vorsorglich mit Holzkohlepuder bestäubt, um Infektionen entgegenzuwirken. Auf die Dränageschicht des vorbereiteten Gefäßes kommt eine dünne Schicht frisches Substrat. Die Pflanze wird nun in den Topf gestellt und allseitig mit Substrat umhüllt. Je nach Wuchsform muß sie positioniert werden. Monopodial wachsende Arten werden in die Mitte des Topfes gesetzt wie andere Zimmerpflanzen auch. Bei sympodial wachsenden Orchideen soll die älteste Pseudobulbe an den Gefäßrand stoßen und der Neutrieb etwa die Topfmitte einnehmen. So ist genügend Platz für den Zuwachs. Beim Einfüllen des Substrates dürfen keine Hohlräume entstehen, daher muß man den Topf mehrmals auf einer Unterlage aufstoßen. Mit den Fingern oder einem Pflanzholz wird das Substrat vorsichtig nachgestopft und festgedrückt. Die Pflanze muß so tief im Substrat eingebettet sein, daß die Basis des Neutriebes in Topfrandhöhe liegt. Der Topf darf auch nicht randvoll gefüllt werden, man läßt einen kleinen Gießrand frei. Da die Pflanze mit dem neuen Substrat noch nicht verwurzelt ist und sowohl Gefäß als auch Substrat leichtgewichtig sind, kippt die Pflanze leicht um. Deshalb ist es ratsam, einen Stützstab anzubringen,

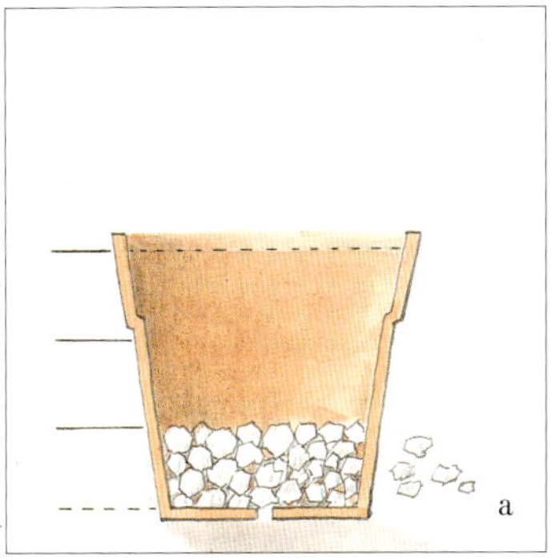
a

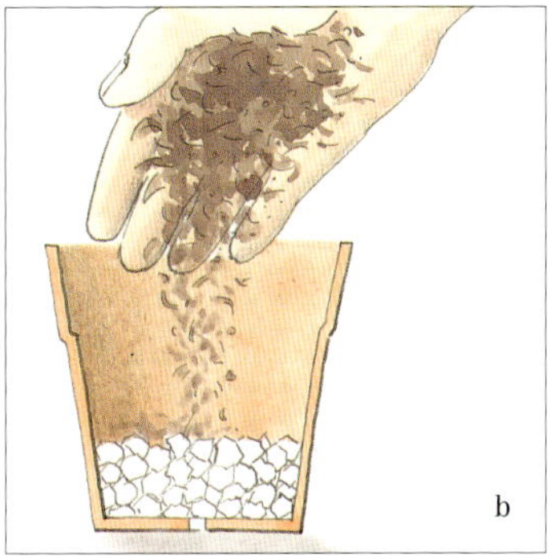
b

Beim Umtopfen wird der Topf zu einem Drittel mit Styroporflocken gefüllt. Darauf kommt eine Handvoll frisches Substrat (a und b).

c

Die Pflanze wird in den Topf gestellt und die Wurzeln allseitig mit Substrat umgeben. Nach dem Festdrücken des Substrates soll noch ein Gießrand von 1–2 cm freibleiben. Monopodial wachsende Orchideen (c) werden in die Topfmitte gesetzt, sympodial wachsende so, daß der Neutrieb zur Mitte zeigt.

Pflanzstoff, Schere, Zange und Draht werden zum Aufbinden von Pflanzen benötigt.

Die Wurzeln können mit Pflanzstoff unterlegt, die Pflanzen dann mit Draht befestigt werden. Die Drahtspange muß fest genug sein, um die Orchidee zu halten, darf aber keine Pflanzenteile quetschen.

an dem die Pflanze mit Bast oder Draht befestigt wird. Alle frisch getopften Pflanzen sollten ein Namensschild erhalten, auf dem auch andere Informationen, wie zum Beispiel das Umtopf-Datum, festgehalten werden können.

AUFBINDEN

Die wohl schwierigste Aufgabe beim Verpflanzen einer epiphytisch kultivierten Orchidee besteht darin, die Pflanze von der alten Unterlage abzulösen. Oft ist jedoch das alte Ast- oder Rindenstück durch beginnende Verrottung sehr mürbe, so daß die Pflanze gut abnehmbar ist. Alte Wurzeln und vertrocknete Pseudobulben werden nun entfernt, und die Pflanze wird eventuell geteilt. Früher war es üblich, die Wurzeln mit grobfaserigem Substrat zu umhüllen und dann aufzubinden. Davon ist man inzwischen abgekommen. Die Orchideen können bedenkenlos ohne Pflanzstoff aufgebunden werden. Manchmal wird empfohlen, etwas *Sphagnum* zur besseren Wurzelbildung zu unterlegen. Leider ist *Sphagnum,* wenn es einmal völlig ausgetrocknet ist, nur schwer wieder benetzbar. Die Orchidee wird in ihrer natürlichen Haltung aufgebunden, und zwar so, daß Gieß- und Sprühwasser ablaufen können und nicht etwa im Sproßscheitel stehenbleiben. Die Aufbindung muß fest genug sein, der Pflanze Halt zu geben, darf aber nicht zu fest sein, denn sonst werden Pflanzenteile gequetscht. Keinesfalls darf das Nylonband oder der Draht durch den Sproßscheitel, das Wachstumszentrum der Pflanze, geführt werden. Kleine Exemplare sind äußerst schwierig aufzubinden. Deshalb ist man dazu übergegangen, solche Orchideen mit einem Spezialkleber zu befestigen. Diese Methode wird auch bei Tillandsien häufig angewandt. Der Kleber muß sparsam dosiert werden und darf nicht ins Herz der Pflanze eindringen. Denn an der Klebestelle stirbt das Pflanzengewebe ab. Die Verwendung einer Heißklebepistole hat den Vorteil, daß die Pflanzen sofort und gut haften.

NACH DEM VERPFLANZEN

Frisch verpflanzte Orchideen brauchen für 1–2 Wochen eine von der üblichen Kultur abweichende Behandlung. Sie sollten einen Platz erhalten, der hell, aber nicht sonnig ist. Das gilt auch für ausgesprochen sonnenhungrige Orchideenarten. Zur Anregung der Wurzelbildung muß für erhöhte Luftfeuchtigkeit gesorgt werden. Topfpflanzen sollten auf einer warmen Unterlage, vielleicht auf einer Wärmematte stehen. Die Pflanzen dürfen nicht gegossen werden. Sie werden lediglich einmal täglich übersprüht. Normales Gießen könnte zur Fäulnis der frisch geschnittenen Wurzeln führen. Durch das Trokkenhalten können sie besser regenerieren und werden außerdem zum Wachsen angeregt. Nach dieser etwa zweiwöchigen Sonderbehandlung werden die Pflanzen dann in den ihnen zusagenden Kulturzyklus integriert.

PFLANZGEFÄSSE

In Anbetracht ihrer Lebensweise müßten die meisten Orchideen epiphytisch kultiviert werden. Dennoch werden sie vorwiegend als Topfpflanzen gezogen. Dies erspart Kosten im Erwerbsgartenbau, und dem Käufer wird eine einfachere Handhabung geboten. Um die Topfkultur zu ermöglichen, müssen sowohl die Gefäße als auch die Substrate bestimmte Voraussetzungen erfüllen.

BLUMENTÖPFE

Der altbekannte Tontopf wird nur noch selten benutzt. Sein Vorteil, luftdurchlässig zu sein, wird durch eine schnellere Wasserverdunstung gemindert. An den Topfinnenwänden lagern sich auf diese Weise Nährsalze ab, die den Orchideenwurzeln schaden.
Heute werden fast ausschließlich Plastiktöpfe verwendet, die es in allen Größen als Rund- oder Vierecktöpfe gibt. Die Vierecktöpfe haben den Vorteil, daß sie sich lückenlos aneinanderstellen lassen. Beim Kauf von Plastiktöpfen sollte man darauf achten, daß sie dickwandig sind. Plastikmaterial wird mit der Zeit spröde, und dünnwandige Töpfe können leicht brechen. Das ist zwar kein großer Materialverlust, doch für die meisten Orchideen bedeutet das Umpflanzen eine Streßsituation, die nicht unnötigerweise herbeigeführt werden sollte. Dunkel gefärbte Töpfe sind nicht empfehlenswert. Sie heizen sich bei Sonneneinstrahlung zu sehr auf, was u. U. den Wurzeln schaden könnte. Je nach Verwendung kann auch eine sogenannte Halbschale günstig sein. Speziell für Orchideen gibt es Plastiktöpfe mit einem Siebboden. So wird die Luftzufuhr, die Epiphytenwurzeln unbedingt brauchen, erhöht. Luftdurchlässig sind auch Baumfarntöpfe, die im Fachhandel angeboten werden. Allerdings sind sie relativ teuer, man sollte zudem aus Gründen des Naturschutzes darauf verzichten.

Baumfarntöpfe zeichnen sich durch eine gute Luftdurchlässigkeit aus, sollten aber aus Gründen des Naturschutzes nicht verwendet werden.

Eine Halbschale ist für Orchideen mit kleinem Wurzelballen oft günstiger als ein normaler Topf. Wenn man eine Aufhängevorrichtung anbringt, hat man eine hübsche Pflanzenampel.

PFLANZENAMPELN UND -KÖRBE

Pflanzenampeln sind nichts anderes als mit einer Aufhängevorrichtung versehene Töpfe. Inzwischen sind sie so konstruiert, daß ein Untersatz integriert ist. So können sie auch problemlos im Fenster angebracht werden, und man muß durchlaufendes Gießwasser nicht fürchten. Mit Pflanzenampeln kann man den Kulturraum, den ein Fenster bietet, vergrößern. Die Ampeln eignen sich zudem hervorragend für Orchideen mit hängenden Blütenständen. Sie werden in vielen Größen angeboten. Es gibt sie als Topf, als Schale und in viereckiger Form. Als Material ist Kunststoff unbedingt vorzuziehen, schon wegen des Gewichtes.

In einem Lattenkörbchen untergebracht und aufgehängt kommen die phantastisch gezeichneten Blüten von Rossioglossum grande erst richtig zur Geltung.

Pflanzenkörbe ermöglichen eine naturnahe Pflanzung. Sie haben ebenfalls eine Aufhängevorrichtung. In den Körben werden die Epiphytenwurzeln sehr gut durchlüftet, und die Pflanzen können in fast natürlicher Weise wachsen. Für die Aufhängung im Fenster sind Pflanzenkörbe allerdings wegen des ablaufenden Gießwassers weniger geeignet, es sei denn, man bewässert durch Tauchen der Körbe. Aus Kunststoff gefertigt sind sie als Gitterkörbe in viereckiger oder runder Form im Handel. Wesentlich dekorativer sind die sogenannten Lattenkörbchen. Man sollte darauf achten, daß ihr Holz hart und dauerhaft ist. Körbchen aus weichem Holz sind schon nach etwa zwei Jahren verrottet. Wegen ihrer gitterartigen Konstruktion muß man für Pflanzenkörbe ein sehr grobstrukturiertes Substrat wählen.

PFLANZUNTERLAGEN FÜR EPIPHYTEN

Eine der Natur nachempfundene Kulturmethode sind Epiphytenhölzer. Orchideen, die auf eine hölzerne Unterlage aufgebunden werden, können sich frei entwickeln. Man kann hier seine Pfleglinge in ihrem Wachstum sehr gut beobachten, vor allem die Bildung von Wurzeln und neuen Trieben. Manche Orchideen, vor allem zwergwüchsige Arten, gedeihen nur, wenn sie epiphytisch kultiviert werden. Weil die Pflanzen ohne oder fast ohne Substrat auskommen müssen, trocknen sie schneller aus, und man muß öfter sprühen. Die Pflanzunterlagen sollten vor allem beständig sein und eine ansprechende Form besitzen. Knorrige Aststücke oder Wurzeln von Eichen oder Robinien sind geeignet. Man muß allerdings darauf achten, daß sich unter der Borke keine Schädlinge verbergen. In der Form noch interessanter sind Wurzelstücke von alten Rebstöcken. Sie sind sehr dauerhaft, durch Abschälen der Borke halten sie noch länger, je nach Beanspruchung 4–5 Jahre.

Epiphytisch kultivierte Pflanzen, hier auf Korkeichenrinde aufgebunden, können gut an einer Gitterwand aufgehängt werden.

PFLANZSUBSTRATE

Die meisten tropischen Orchideen wachsen epiphytisch, ihre Wurzeln sind also nicht in ein Substrat eingebettet. Werden diese Pflanzen dann in Töpfen kultiviert, so muß das Substrat ganz bestimmte Eigenschaften aufweisen, um ein Gedeihen überhaupt zu ermöglichen. Anders ausgedrückt: Orchideen können nur in speziell zusammengestellten Substraten eine Topfkultur überleben. Das Substrat muß die Wurzeln locker umgeben. So kann genügend Luft, die für sie lebensnotwendig ist, an die Wurzeln gelangen. Verdichtetes Substrat führt zum Absterben der Wurzeln. Deshalb sind die meisten Bestandteile grobstrukturiert. Bei zu vielen feinkörnigen Zusätzen besteht die Gefahr, daß diese »zusammenbakken« und Luftundurchlässigkeit verursachen.
Im Zusammenhang mit der Luftdurchlässigkeit ist die Wärmeleitfähigkeit zu sehen. Luftpolster im Substrat können Wärme speichern und langsam wieder abgeben. Trotz der lockeren Schichtung muß das Substrat der Pflanze einen gewissen Halt verleihen.
Wasser und Nährstoffe sollen vom Substrat gut aufgenommen werden. Der Sättigungsgrad darf aber nicht so hoch sein, daß Fäulnis entstehen kann. Das Substrat muß also austrocknungsfähig und dennoch gut benetzbar sein.
Fast jedes Substrat hat einen Langzeitdüngungseffekt, denn seine Bestandteile verrotten allmählich und geben die freiwerdenden Nährsalze an die Pflanze ab. Da Orchideen gegenüber hoher Salzkonzentration sehr empfindlich sind, muß das Substrat so beschaffen sein, daß es sich nur sehr langsam abbaut. Man spricht auch von Strukturstabilität. Auf das Wachstum der meisten Orchideen wirkt es sich günstig aus, wenn das Substrat etwas sauer ist. Der Säuregrad wird als pH-Wert gemessen (siehe auch Seite 37). Selbstverständlich muß das Substrat frei von Schädlingen, Krankheitserregern und schädlichen chemischen Zusätzen sein. Darauf ist auch bei der Herstellung einer eigenen Substratmischung zu achten.
Nachfolgend werden die Bestandteile vorgestellt, die in Orchideensubstraten enthalten sein können. Ihre Vor- und Nachteile muß man abwägen, wenn man für bestimmte Orchideen eine eigene Rezeptur zusammenstellen will. Denn auf die Mischung kommt es an! Ganz allgemein kann man die Materialien in drei Gruppen einteilen: natürliche, organische Bestandteile, mineralische und synthetische Bestandteile.

ORGANISCHE BESTANDTEILE

Das wichtigste Material für die Orchideenkultur waren früher – wie bereits erwähnt – Baumfarn- und Farnwurzeln sowie Sumpfmoos. Die Farnwurzeln stammen von den bei uns heimischen Farnen *Osmunda regalis* (Königsfarn) und *Polypodium vulgare* (Tüpfelfarn). Beide Arten sind wie die Baumfarne unter Naturschutz gestellt worden, so daß auch auf dieses Material verzichtet werden muß. Dies betrifft auch das Sumpfmoos *(Sphagnum)*. An sumpfigen Orten gedeiht es großflächig. Während es an der Oberfläche ständig weiterwächst, sterben die tieferen Schichten ab und gehen allmählich in Torf über. Sumpfmoos darf nur noch mit Genehmigung der Naturschutzbehörden gesammelt werden.

Heute gebräuchliche Materialien sind vor allem Torf sowie Rinden. *Weißtorf* stammt aus der oberen Schicht eines Moores. Er besitzt gutes Wasser- und Lufthaltevermögen und ist strukturstabil. Nach völliger Austrocknung ist Torf allerdings sehr schwer benetzbar. Ähnlich verhält sich auch der *Schwarztorf*. Er entstammt unteren, älteren Schichten des Moores. Im Gegensatz zu Weißtorf hat er kein Wasserhaltevermögen. Im Handel erhältlich sind auch sogenannte Torfkultursubstrate (TKS), die es speziell für Orchideen gibt. *Rindensubstrate* europäischer Herkunft sind Kiefernborke und Korkeichenrinde. Letztere wird auch als Korkschrot in verschiedener Körnung angeboten. Von amerikanischen Nadelgehölzen stammt die sogenannte California Rinde. Unter der Bezeichnung »Meranti« werden Holzspäne einer südostasiatischen Baumart gehandelt. Rindensubstrate sind strukturstabil, haben ein gutes Wasserhaltevermögen, fördern das Wurzelwachstum und sind billig. Vor ihrer Verwendung sollte man sie mehrere Stunden in einer Düngerlösung ziehen lassen, um sie mit Nährstoffen anzureichern. Als organische Beimengung können auch Cocosfasern verwendet werden sowie Buchenlaub, das man im Herbst selbst sammeln kann. Allerdings besteht das Risiko, daß es mit Krankheitserregern behaftet sein kann. *Holzkohle*, die in verschiedenen Körnungen angeboten wird, wirkt fäulnis- und infektionshemmend.

Rezeptbeispiele:

Für Epiphyten in Topfkultur:
5 Teile Kiefernerde oder entsprechendes Material
1 Teil Korkschrot
2 Teile Weißtorf
1 Teil Styroporflocken
½ Teil Holzkohle

Für Erdorchideen:
2 Teile Kiefernrinde
1 Teil Weißtorf
1 Teil Kompost (fein)
etwas Lehm

MINERALISCHE BESTANDTEILE

Hierbei handelt es sich um strukturstabile Materialien, die Mineralstoffe und Spurenelemente liefern. Die stabile Form trägt auch zu einer verbesserten Luftdurchlässigkeit bei. *Kies* und *Sand* sind nur für terrestrische Orchideen in kleiner Beimengung zu empfehlen. *Ziegelsplitt* kann auch verwendet werden, besser sind aber vulkanische Gesteine wie *Lava* und *Bimskies*. Durch ihre Porosität schließen sie viel Luft ein, haben aber gleichzeitig ein hohes Wasserhaltevermögen. Bimskies hat allerdings den Nachteil, daß er Nährstoffe bindet und neutral bis alkalisch reagiert. *Perlite* sind ebenfalls vulkanischen Ursprungs, werden aber industriell aufbereitet. *Blähton*, der aus der Hydrokultur bekannt ist, besteht aus Ton, der bei 1200 °C gebrannt und dadurch porös wird. Seine Eigenschaften entsprechen denen von Lavagestein. Es ist sogar möglich, Orchideen nur in Blähton als Substrat zu kultivieren.

Cattleya-Hybriden begeistern immer wieder durch die Größe und Färbung ihrer Blüten.

SYNTHETISCHE BESTANDTEILE

Die Vorteile der synthetischen Bestandteile liegen auf der Hand: Das Substrat wird luftdurchlässiger; durch die Strukturstabilität wird eine Verdichtung des Pflanzstoffes verhindert; Wasser kann nicht gebunden werden, daher tritt keine Staunässe auf; durch Lufteinschlüsse wird die Wärmekapazität erhöht. Am häufigsten wird *Styropor* verwendet, das alle diese Eigenschaften besitzt und zudem noch preisgünstig ist. Es wird durch Aufschäumen von Polystyrol industriell hergestellt.

Es ist möglich, Orchideen ausschließlich in synthetischem Material zu kultivieren. Mit einfachem Styropor geht das allerdings nicht. Der geeignete Pflanzstoff trägt den Namen »Orchid Chips«. Er besteht ebenfalls aus aufgeschäumtem Polystyrol, doch ist die Oberfläche aufgerauht. Da dieses Substrat vollkommen neutral ist, also keinerlei Nährstoffe enthält, müssen die Pflanzen regelmäßig mit einem Spezialdünger (»Orchid Quick«) versorgt werden.

Durch richtige Mischung der einzelnen Bestandteile können Substrate ganz individuell hergestellt werden. Für den, der nur wenige Pflanzen besitzt, ist der Aufwand einer eigenen Substratmischung zu groß. Im Fachhandel sind deshalb gebrauchsfertige Orchideensubstrate erhältlich. Normale Blumenerde ist untauglich. Sie würde die Orchideenwurzeln ersticken, ertränken und überdüngen.

Daß es auch ganz ohne Substrat geht, beweist die epiphytische Kultur. Auch für Pflanzen auf der Fensterbank ist eine substratlose Kultur möglich. Die Orchideen werden einfach in leere Blumentöpfe gesetzt und diese dann für 15 Minuten ins Wasser gestellt. Die Bewässerung erfolgt jeden zweiten Tag. Versuche dieser Art sind recht erfolgreich verlaufen. Das ist aber sicher nicht mit jeder Pflanze durchzuführen.

KULTURMÄNGEL, KRANKHEITEN, SCHÄDLINGE

Die beste Vorsorge, die man treffen kann, Pflanzen vor schädlichen Einflüssen jeglicher Art zu bewahren, ist eine optimale Pflege. Gesunde, kräftige Pflanzen werden nicht so leicht von Schädlingen befallen wie geschwächte. Durch aufmerksame Beobachtung der Pflanzen kann man Schädigungen jedoch frühzeitig feststellen und entsprechende Maßnahmen ergreifen.

Durch Schwarzfäule verursachte Flecken auf den Blättern (a) werden durch einen Pilz hervorgerufen. Virusinfektionen äußern sich u. a. durch dunkle Flecken und Striche auf den Blättern (b). Solche Pflanzen sind leider nicht mehr zu kurieren.

KULTURMÄNGEL

Veränderungen im Erscheinungsbild der Pflanzen zeigen oft Pflegefehler an, die schnellstens Gegenmaßnahmen erfordern. Die Symptome sind vor allem an den Blättern, aber auch an den Blüten respektive am Blühverhalten zu sehen.

Schlaffe Blätter stellen sich aus verschiedenen Gründen ein; naheliegend ist Wassermangel. Aber es kann auch der Fall sein, daß zu viel gegossen wurde. Dann faulen die Wurzeln ab und die Wasserversorgung ist abgeschnitten.

Das *Absterben der Wurzeln* kann auch andere Ursachen haben. Ungeeignetes oder altes Substrat bewirkt Staunässe, durch Substratverdichtung erhalten die Wurzeln keinen Luftsauerstoff mehr. Durch Überdüngung können die salzempfindlichen Orchideenwurzeln stark geschädigt werden. Bei allen Wurzelschäden ist ein Verpflanzen notwendig. Selbstverständlich müssen alle abgestorbenen oder angefaulten Teile entfernt werden. Durch Wärme und hohe Luftfeuchtigkeit wird neues Wurzelwachstum angeregt. Eine Wurzelschädigung zeigt auch der sogenannte *Ziehharmonikawuchs* an. Die Blätter bleiben zusammengelegt und entfalten sich nicht.

Blattflecken deuten sowohl auf Pflegefehler, als auch auf Krankheiten hin. Deutlich eingegrenzte Flecken, die zunächst gelblich sind und dann braun abtrocknen, zeigen Verbrennungen an. Fehlende Beschattung, zu große Hitze oder zu dichter Stand an der Fensterscheibe können dafür verantwortlich sein. Bekommen die Blätter braune Spitzen und Ränder, ist vielleicht die Luftfeuchtigkeit zu niedrig. Es kann aber auch an einer beginnenden Wurzelschädigung liegen, die durch Überdüngung hervorgerufen wurde. Verbleichen die Blätter oder treten hellere Marmorierungen auf, so leidet die Pflanze an Magnesium- oder Eisenmangel. Die fehlenden Mineralstoffe müssen über das Gießwasser zugeführt werden.

Besonders bedauerlich ist es, wenn die Orchidee zwar eine Infloreszenz ausgebildet hat, die Blüten aber vorzeitig abfallen oder schon im Knospenstadium vertrocknen. Ein derart *gestörtes Blühverhalten* ist meist nicht mehr zu beheben.

Verursacher können Kälteeinwirkung, zum Beispiel beim Transport der Pflanzen, oder kalte Zugluft sein. Durch Lichtmangel sind die Knospen ebenso gefährdet wie durch die Einwirkung von Ethylengas, das von reifen Äpfeln produziert wird. Schließlich kann auch Nährstoffmangel, meist aufgrund von Wurzelschäden, ein vorzeitiges Welken der Blüten bewirken. Wenn die Pflanze gar nicht blühen will, ist meist eine falsche Kultur vorangegangen. Störungen im Entwicklungsrhythmus der Pflanzen verhindern eine Blühinduktion. Das ist zum Beispiel bei der Nichteinhaltung der Ruheperiode der Fall oder wenn die Nachtabsenkung fehlt. Wenn eine temperiert oder kühl zu haltende Orchidee zu warm kultiviert wird, treibt sie durch, es werden nur vegetative Triebe, aber keine Blütenstände entwickelt. Das gleiche Erscheinungsbild ruft auch Phosphormangel hervor. Die Verwendung von verschiedenen Düngern, stickstoff- und phosphorbetont, während bestimmter Entwicklungsphasen verabreicht, schafft Abhilfe.

Ziehharmonikawuchs an Orchideenblättern ist ein Anzeichen für eine Wurzelschädigung, meist durch zu viel Nässe verursacht.

KRANKHEITEN

Pflanzen, die in irgendeiner Weise geschwächt sind, werden von Krankheiten heimgesucht. Wird eine Krankheit frühzeitig erkannt und ist eine Behandlung möglich, so wird die Pflanze isoliert, um eine weitere Ausbreitung zu verhindern. Alle Geräte, die mit einer befallenen Pflanze in Berührung kommen, sind zu desinfizieren. Krankheiten können durch Viren, Bakterien und Pilze verursacht werden. Oftmals sind saugende Schädlinge die Überträger, die bekämpft werden müssen.

Als *Virosen* bezeichnet man die von Viren verursachten Krankheiten. Sie sind sehr tückisch, weil schwer zu erkennen und unheilbar. Zum Glück treten Virosen sehr selten auf. Sie machen sich bemerkbar durch dunkle Flecken und Striche auf den Blättern, aber auch durch Mißbildungen der Blüten. Selbst für Fachleute ist es schwierig, eine Virose zu diagnostizieren. Bei Verdacht auf eine Virose und fortschreitender Krankheit, sollte die Pflanze vorsorglich verbrannt werden, um zu gewährleisten, daß keine Ansteckung mehr erfolgen kann.

Bakteriosen sind in ihrer Wirkung genauso verheerend wie Virosen. Wirksame Spritzmittel gegen Bakterien gibt es noch nicht. Es ist deshalb auch hier ratsam, die befallene Orchidee zu verbrennen. Bei einer Bakteriose zerfällt das Gewebe. Es beginnt mit kleinen, gelblich-glasigen oder dunklen, matschigen Flecken, die sich schnell vergrößern und ausbreiten.

Mykosen sind die Krankheiten, die durch Pilze hervorgerufen werden. Bei artgerechter Kultur treten sie kaum auf. Werden die Orchideen dagegen zu naß und in stickiger Atmosphäre gehalten, entsteht ein ideales Revier für Pilze.

Gefürchtet ist die *Schwarzfäule,* auch Umfallkrankheit genannt. Die Erreger sind *Pythium-* und *Fusarium*-Arten. Betroffen sind vor allem Jungpflanzen, deren Wurzelhals sich schwarz verfärbt und abfault. Es werden aber auch Blätter und Neutriebe befallen. *Blütenfäule* wird durch einen Pilz verursacht, der auch der Erreger von Fruchtfäule ist, nämlich *Botrytis*. Bei Orchideen äußert sich der Befall in fleckigen Blüten, ein Zeichen, daß die Pflanze zu feucht gehalten wird. Die *Brennfleckenkrankheit* ist eine Trockenfäule. Auf Blättern und Pseudobulben entstehen braune Flecken, die sich allmählich vergrößern und das Absterben der Pflanze zur Folge haben können. Verantwortlich dafür sind Vertreter der Gattung *Verticillum*. Glücklicherweise gibt es bei Pilzerkrankungen geeignete Mittel, um befallene Pflanzen zu kurieren. Solche Pilzgifte bezeichnet man als *Fungizide*. Es gibt Präparate, die speziell bei bestimmten Pilzen, und solche, die umfassend eingesetzt werden. Wenn man die Orchideen im Wohnbereich kultiviert, muß das Mittel als wohnraumtauglich ausgewiesen sein. Wichtig ist wiederum, die befallene Pflanze von den anderen zu isolieren. Die Behandlung beginnt mit dem Austopfen der Orchidee. Alle kranken Teile werden abgeschnitten und vernichtet. Die Arbeitsgeräte sind vorher und nachher zu desinfizieren. Dann wird die Orchidee in die nach Anweisung angesetzte Fungizid-Lösung getaucht. Nachdem die Schnittstellen mit Holzkohlepuder bestäubt worden sind, wird die Pflanze in ein desinfiziertes Gefäß mit frischem Substrat gesetzt.

Schildlausbefall auf einem Orchideenblatt. Ein Abwaschen mit Seifenlauge schafft Abhilfe.

SCHÄDLINGE

Pflanzenschädlinge sind zurecht gefürchtet, weil sie sich sehr schnell vermehren und ausbreiten. Sie schädigen die Orchideen durch Fraß oder Aussaugen des Pflanzensaftes. Die Einzeltiere sind sehr klein, da sie aber in großer Zahl auftreten, ist ein Befall gut zu erkennen. Eine Bekämpfung ist nicht nur wegen der direkten schädigenden Wirkung angezeigt. Viele saugende Insekten übertragen auch Krankheiten.

Die Pflanzenläuse sind wohl die bekanntesten und verbreitetsten Schädlinge überhaupt. *Blattläuse* finden sich nur an jungen, weichen Pflanzenteilen, die sie mit ihrem Saugrüssel durchstechen können. Daher sind Neutriebe und Blütenknospen gefährdet. Die Blattläuse entziehen den Pflanzen wichtige Nährstoffe und übertragen zudem Viren. *Schildläuse* befallen vor allem hartblättrige Orchideen. Sie besitzen lange Stechborsten, mit denen sie Pflanzensaft saugen. Wie der Name sagt, produzieren die Weibchen durch Wachsabscheidungen einen Schild, der sie und ihre Nachkommen schützt. Ein ähnliches Verhalten zeigen *Woll-* und *Schmierläuse*. Statt eines Schildes produzieren sie weiße, wollige Wachsgespinste.

Die Bekämpfung der Läuse kann bei geringem Befall durch gezieltes Abspülen oder Abwaschen erfolgen. Bei Schild-, Woll- und Schmierläusen muß man die wachsartigen Schutzschichten entfernen, am besten durch Abreiben mit Seifenlauge. Natürlich kann man auch Insektizide einsetzen. Es ist darauf zu achten, daß das Insektengift auch im Wohnbereich angewandt werden kann. Blattläuse lassen sich auch durch Bepudern mit Steinmehl vernichten. Ebenso umweltfreundlich ist der Einsatz von Nutzinsekten.

Mit den Pflanzenläusen näher verwandt ist die Gattung *Thrips*. Die Tiere leben von Pflanzensäften. Der Befall äußert sich durch mattweiße Flecken an den Blättern oder durch verkrüppelte, braunfleckige Blüten. Die Schädlinge lassen sich durch eine extreme Erhöhung der Luftfeuchtigkeit bekämpfen. Die Pflanze wird gut gegossen und zwei Tage in eine transparente Plastiktüte eingepackt.

Auch unter den Milben gibt es zahlreiche Pflanzenschädlinge. Milben gehören zu den Spinnentieren. Insektizide sind deshalb unwirksam. Die *Rote Spinne* ist eine Spinnmilbe, die sich bevorzugt auf der Unterseite von weichen Blättern ansiedelt. Dort saugen die Tiere Pflanzensaft. Man erkennt den Befall an fleckig werdenden Blättern und feinen, rötlichen Gespinsten auf der Blattunterseite. Steckt man die Pflanze für zwei Tage in eine durchsichtige Plastiktüte, sterben die Spinnmilben wegen der hohen Luftfeuchtigkeit ab. *Weichhautmilben* sind bei Orchideen vorwiegend auf *Paphiopedilum* zu finden. Sie saugen an Blüten oder Jungtrieben, die dadurch verkrüppelt oder deformiert werden. Auf Blättern hinterlassen die Schädlinge braunfleckige Saugstellen. *Wurzelmilben* erscheinen erst dann, wenn die Pflanze bereits geschwächt oder krank ist. Gegen Milben gibt es spezielle Spritzmittel, sogenannte *Akarizide* (Acari ist die lateinische Bezeichnung für Milben). Die befallenen Stellen werden besprüht. Bei Wurzelmilbenbefall wird die Pflanze ausgetopft und nach Entfernen der geschädigten Wurzeln der gesamte Wurzelbereich in eine Akarizid-Lösung getaucht.

Die Larven der *Trauermücken* können sich nur in einem Substrat halten, das gut feucht ist. Bei massenhaftem Auftreten fressen sie an den Wurzeln und zersetzen das Substrat. Damit es gar nicht erst zu einem Befall kommt, hängt man Gelbtafeln auf. Sie funktionieren wie Fliegenfänger. Findet man Trauermückenlarven, muß auch das Gießverhalten geändert werden. Das Substrat darf nicht dauerfeucht sein.

Die *Springschwänze (Collembola)* sind eine flügellose Insektenordnung. Sie treten auf, wenn das Substrat zu naß gehalten wird und werden durch Ausschwemmen beseitigt. Mehrere Tage lang wird das Substrat morgens mit lauwarmem Wasser gut durchgespült. Danach muß es völlig austrocknen. Erst dann kann man wieder mit dem Gießen beginnen.

In Gewächshäusern können durch *Schnecken* beträchtliche Schäden an den Orchideen entstehen. Vorwiegend nachts fallen die Schnecken über junge Triebe und Knospen her. Die beste Methode gegen Schnecken vorzugehen, ist ein Absammeln in den Abendstunden oder man legt Schneckenkorn aus.

Weichhautmilben sind die Verursacher der braunfleckigen Blätter. Hier hilft nur ein spezielles Spritzmittel.

Trockene, braune Blattspitzen und -flecken sind ein Anzeichen für unsachgemäße Pflege. Die Ursache kann zu niedrige Luftfeuchtigkeit, eine Wurzelschädigung oder Überdüngung sein.

VERMEHRUNG

Haben sich erste Kulturerfolge eingestellt, kann man daran denken, seine Orchideen zu vermehren. Dadurch wird zum einen der Bestand gesichert, zum anderen erhält man darüber hinaus Pflanzen, die getauscht werden können. Für die Bestandserhaltung kommt nur die vegetative, also ungeschlechtliche Vermehrung in Betracht. Sie erbringt zwar nur wenige Exemplare, die dafür aber bald die Blühreife erlangen. Die generative, geschlechtliche Vermehrung erfolgt durch Bestäubung, Samengewinnung und Aussaat. Dies ist ein sehr schwieriger und langwieriger Prozeß, der aber sehr viele Jungpflanzen liefert. Wer Orchideen züchten will, muß diesen Weg gehen. In den letzten Jahren ist im Erwerbsgartenbau eine Methode entwickelt worden, zahlreiche Jungpflanzen auf vegetative Art zu erhalten. Es ist die sogenannte Meristem- oder Gewebekultur.

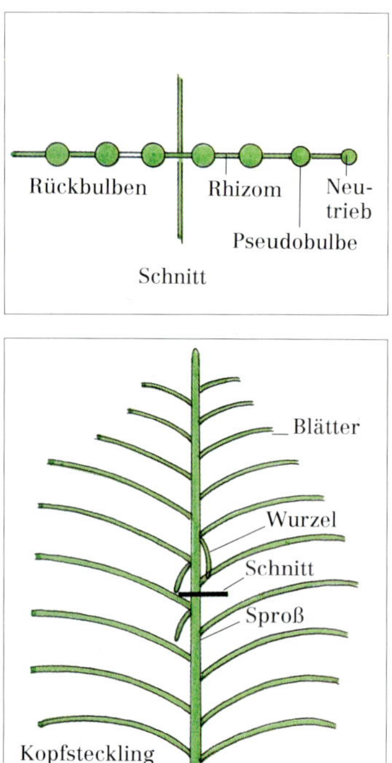

Die Teilung von Orchideen schematisch dargestellt. Schnittführung bei sympodialem (oben) und monopodialem (unten) Wuchs.

VEGETATIVE VERMEHRUNG

Für die vegetative Vermehrung trennt man mehr oder weniger große Teile von einer Pflanze ab. Die Pflanze wird geteilt oder es werden Stecklinge geschnitten. Bei *Phalaenopsis* entwickeln sich manchmal Adventivsprosse, die abgenommen werden können. So entstehen neue Pflanzen, die mit der Mutterpflanze erbgleich sind. Eine Orchidee kann nur dann zur Vermehrung herangezogen werden, wenn sie gesund und kräftig ist und einige Jahre ungestört heranwachsen konnte. Da die vegetative Vermehrung an ein Verpflanzen gekoppelt ist, sollte sie im Frühjahr erfolgen bzw. mit dem Triebbeginn. Dabei ist all das zu berücksichtigen, was auch für das Verpflanzen gilt (siehe Seite 44): saubere, desinfizierte Arbeitsgeräte, geeignete Pflanzgefäße und Substrate.

Bei einer *Teilung* wird eine vieltriebige Orchidee so zerlegt, daß die Stücke aus mindestens drei Trieben bestehen. Bei monopodial wachsenden Orchideen ist eine Teilung nur dann möglich, wenn die Pflanze durch Seitentriebe dichte Büsche bildet. Das ist zum Beispiel bei *Paphiopedilum* der Fall. Beim Austopfen fallen die Pflanzen oft schon von alleine auseinander. Es sollten wirklich nur sehr umfangreiche Pflanzen geteilt werden. *Paphiopedilum* gedeiht am besten in größeren Beständen, also darf man keinesfalls Einzeltriebe separat topfen. Die Teilung sympodial wachsender Orchideen ist relativ einfach vorzunehmen. Es können nur Pflanzen geteilt werden, die aus mindestens sechs kräftigen Trieben bestehen. Die Pseudobulben bzw. Triebe sind durch das Rhizom miteinander verbunden. Das Rhizom wird durchschnitten und zwar so, daß wenigstens drei beblätterte Triebe ein Teilstück bilden. Am vorderen Teilstück ist der Neutrieb, der das Wachstum

der Pflanze fortsetzen wird. Das hintere Teilstück muß sich erst regenerieren. Man bezeichnet solche Teile auch als Rückbulben. Die Schnittstellen am Rhizom werden mit Holzkohlepuder desinfiziert.
Eine Vermehrung durch *Stecklinge* ist bei manchen Orchideengattungen oder -arten möglich. Als Steckling bezeichnet man ein Teilstück eines Triebes, das regenerationsfähig ist und zu einer neuen Pflanze auswächst. Manche monopodial wachsenden Orchideen wie *Vanda* bilden einen langen, beblätterten Sproß, an dem sich auch Luftwurzeln entwickeln. Bei großen, älteren Pflanzen ist es möglich, einen Kopfsteckling abzunehmen, indem man den Sproß, am besten kurz unterhalb von Luftwurzeln, in etwa gleichgroße Hälften teilt. Nachdem die Schnittstellen mit Holzkohlepuder bestäubt wurden, kann der Steckling eingetopft werden. Auch die alte Pflanze wird bei aufmerksamer Pflege bald wieder austreiben. Bei sympodial wachsenden Orchideen mit mehrgliedrigen Trieben, wie sie bei einigen Arten von *Dendrobium* vorkommen, lassen sich ebenfalls Stecklinge gewinnen. Dazu wird ein Trieb in Stücke geschnitten, die etwa drei Knoten umfassen sollen. Am Knoten eines Triebes entspringen die Blätter oder auch die Luftwurzeln. Oftmals ist dieser Bezirk wulstartig verdickt, er kann auch eingeschnürt sein. Die Stecklinge werden nicht senkrecht in das Substrat gesteckt, sondern der Länge nach nebeneinander in eine flache Schale gelegt, die mit Sumpfmoos *(Sphagnum)* oder einem Torf-Sand-Gemisch gefüllt ist. Um ein feuchtes Klima zu schaffen, wird die Schale mit transparenter Plastikfolie eingehüllt. Auf einer warmen Unterlage treiben die Stecklinge bald aus, und man kann sie einzeln eintopfen.
Eine besondere Form der vegetativen Vermehrung sind *Adventivsprosse*. Allerdings sind nur wenige Orchideen zu ihrer Bildung befähigt. Sie entwickeln sich an untypischen Stellen, also nicht dort, wo eine Seitensproßbildung normalerweise stattfindet. Bei *Phalaenopsis* können solche Adventivsprosse, die auch Kindel oder Keiki genannt werden, spontan an den Infloreszenzachsen anstelle einer Blüte entstehen. Welche Ursachen dafür verantwortlich sind, ist noch weitgehend ungeklärt. Wer aber seine *Phalaenopsis*-Pflanze vermehren will, kann mit einem Hormonpräparat (Orchid Keiki Fix) die Bildung von Kindeln induzieren. Ein Erfolg ist jedoch nicht garantiert. Wenn Kindel entstehen, dürfen sie nicht zu früh abgetrennt werden. Sie müssen kräftig entwickelt und bereits bewurzelt sein. Dann schneidet man die Infloreszenzachse oberhalb und unterhalb des Kindels ab, so daß sich ein Stück der Achse noch am Kindel befindet. Nun kann es eingetopft werden.
Eine Vermehrungsmethode, die ebenfalls auf vegetative Weise erfolgt, ist die *Gewebe-* oder *Meristemkultur*. Sie kann nur unter Laborbedingungen durchgeführt werden. Unter

einem Meristem versteht man ein Bildungsgewebe, dessen Zellen teilungsbereit bleiben, im Gegensatz zu einem Dauergewebe, das spezialisiert ist. Diese Teilungsfähigkeit macht man sich zunutze. Aktive meristematische Gewebe befinden sich am Sproßvegetationspunkt und an den Wurzelspitzen. Zur Schonung der Pflanze entnimmt man Meristemgewebe, das ruht, aber unter gewissen Voraussetzungen aktiviert werden kann. In der gärtnerischen Praxis spricht man auch von schlafenden oder ruhenden Augen. Sie finden sich in den Blattachseln der Pflanzen. Die Gewebeteile, auch Explantate genannt, kommen in ein Reagenzglas mit speziellem flüssigem Nährmedium. Die Zellen teilen sich, es entstehen Zellklumpen, die Protocorme. Um eine Differenzierung der Protocorme zu verhindern, werden die Reagenzgläser ständig in Bewegung gehalten. Dadurch findet fortgesetzt Teilung, also Vermehrung statt. Die weitere Kultur erfolgt dann auf festen, ruhenden Nährböden. Die Protocorme werden zerteilt, und aus jedem Stück entwickelt sich ein kleines Pflänzchen. Für eine Meristemvermehrung gibt es spezialisierte Laborbetriebe, die Aufträge entgegennehmen. Die erzeugten Jungpflanzen werden dann in großen Flaschen geliefert, wo sie noch eine Zeitlang weiterkultiviert werden. Sind sie groß und kräftig genug, werden sie in normale Saatkisten umgesetzt. Alle auf diese Weise entstandenen Pflanzen werden auch als Meriklone bezeichnet.

Durch Meristemkultur erzeugte Jungpflanzen werden in speziellen Flaschen kultiviert.

Haben die Jungpflanzen eine bestimmte Größe erreicht, werden sie aus den Flaschen genommen und in Saatschalen gepflanzt.

GENERATIVE VERMEHRUNG

Die geschlechtliche Vermehrung ist für die Orchideen zur Arterhaltung wichtig, denn es entstehen Nachkommen mit anderen Erbeigenschaften. Die Pflanzen sind so eingerichtet, daß eine Bestäubung im natürlichen Geschehen nur unter verschiedenen Individuen einer Art stattfinden kann. (Ausnahmen bestätigen die Regel.) Einem Orchideenzüchter wird kaum daran gelegen sein, eine Art durch Samen zu vermehren. Er hat andere Ziele und will zum Beispiel ungewöhnliche Blütenfarben, -zeichnungen oder -formen gewinnen. Für eine Kreuzung kommen dann zwei verschiedene Arten einer Gattung in Betracht oder auch Arten zweier verschiedener, aber nahe miteinander verwandter Gattungen. Genauso kann man Art- und Gattungshybriden kreuzen. Doch bevor man sich zu einem Kreuzungsversuch entschließt, muß man sich darüber im klaren sein, daß sehr viel Arbeit und Geduld damit verbunden ist. Nicht jeder Versuch wird gelingen, und die Aussaat führt nur unter sterilen Bedingungen zum Erfolg.

Der *Bestäubungsvorgang* an sich ist einfach nachzuvollziehen. Die Blüten der Kreuzungspartner sollen schon einige Tage voll erblüht sein, damit auch wirklich alle Organe funktionstüchtig sind. Mit einer Pinzette oder einem Holzstäbchen wird einer Blüte das Pollinarium entnommen. Da es meist mit einer Klebscheibe ausgestattet ist, haftet es gut, und man kann es leicht aus der Anthere herausziehen. Die Pollenpakete werden nun auf die Narbe der anderen Blüte übertragen. Die Narbe befindet sich an der Innenfläche der Säule. Häufig ist dieser Bereich ebenfalls etwas klebrig. Ein Etikett mit dem Datum und den Namen der Kreuzungspartner wird an der Empfängerpflanze angebracht. Nun beginnt die Wartezeit. Das erste Anzeichen macht sich schon nach wenigen Tagen bemerkbar. Die bestäubte Blüte welkt. Das ist aber noch keine Garantie dafür, daß auch Befruchtung stattfindet, die die Samenentwicklung einleitet. Bei erfolgreicher Bestäubung und Befruchtung vergrößert sich der Fruchtknoten allmählich. Der Reifungsprozeß dauert je nach Orchideenart unterschiedlich lange, von drei bis zu zwanzig Monaten. Wenn sich die Kapselfrucht gelblich oder bräunlich verfärbt hat, sind die Samen reif.

Die *Anzucht* aus Samen ist schwierig und langwierig. Erst Anfang unseres Jahrhunderts gelang es, Orchideen aus Samen zu ziehen. Es wurde entdeckt, daß die Orchideenwurzeln einen Pilz beherbergen, mit dem sie eine Symbiose eingehen. Diese Erscheinung wird allgemein als Mykorrhiza bezeichnet. Da der Embryo im Samen weder Nährgewebe noch Chlorophyll besitzt, ist er auf die Nährstoffe angewiesen, die der Pilz liefert. Aus dieser Erkenntnis haben sich zwei Anzuchtmethoden entwickelt. Bei der *symbiotischen Anzucht* wird dem sterilen Aussaatsubstrat Pilzmyzel zugefügt. Den Pilz kann man aus den Orchideenwurzeln isolieren und in Reinkultur vermehren. Das ist ein aufwendiges Verfahren, das heute kaum noch angewandt wird. Gebräuchlich ist die *asymbiotische Anzucht.* Durch eingehende Studien ließ sich feststellen, welche Nährstoffe der Pilz der Orchidee liefert. Durch die Herstellung entsprechender Nährböden erhalten die Samen ein ideales Keimbett. In sterilen Glasgefäßen geschützt, können die Keimlinge heranwachsen. Es gibt Orchideen-Labors, die Anzuchten in Auftrag nehmen. Man schickt Orchideensamen an das Labor und erhält nach entsprechender Zeit Jungpflanzen. Wem steriles Arbeiten vertraut ist, kann auch selbst eine Anzucht versuchen. Nährböden und Laborbedarf sind im Fachhandel erhältlich. Die Keimdauer ist sehr unterschiedlich. Die Samen mancher Arten keimen schon nach sechs Tagen, andere benötigen zehn Wochen. Einige Wochen nach der Keimung ist der Sämling zu einer charakteristischen Gestalt herangewachsen. Er befindet sich jetzt im sogenannten Kreiselstadium: Der Sproß ist kugelig, ihm entspringt das noch stielförmige Keimblatt. Mehrmaliges Pikieren in steriler Umgebung ist notwendig. Erst nach ein bis zwei Jahren sind die Pflänzchen so weit, daß sie aus dem Reagenzglas in einen Gemeinschaftstopf gesetzt werden können. Bis die Pflanzen blühfähig sind, vergehen einige Jahre. Erst dann kann man das Ergebnis der Züchtungsarbeit betrachten, vielleicht eine Enttäuschung, vielleicht aber auch eine kleine Sensation.

Phalaenopsis-Pflanzen in der Anzucht. Eine optimale Versorgung garantiert gesunde und blühstarke Pflanzen.

DIE SCHÖNSTEN ORCHIDEEN FÜR DIE ZIMMERKULTUR

Vorgestellt werden, um der Größe der Familie gerecht zu werden, keine Arten, sondern Gattungen. Sie wurden nach Eignung für die Zimmerkultur und Erhältlichkeit im Handel ausgewählt. Jede Gattung präsentiert sich mit Wissenswertem über Herkunft, Standortbedingungen, Wuchsform, besonderen Eigentümlichkeiten und Kulturanleitungen. Natürlich werden auch Arten und Hybriden genannt, von denen ein Vertreter abgebildet ist.

x Vuylstekeara ist eine Mehrgattungshybride unter Beteiligung von Odontoglossum, Cochlioda und Miltonia.

Aerangis

Das tropische Afrika und Madagaskar sind die Heimatgebiete der etwa 50 *Aerangis*-Arten. Dort wachsen sie epiphytisch in den Regen- oder Bergwäldern. Die Beschreibung der Gattung erfolgte im Jahre 1865. Die vorwiegend kleinwüchsigen Pflanzen besitzen meist eine zweizeilige Beblätterung. Den kurzen Stämmen entspringen traubige Blütenstände. Es gibt aber auch einblütige Arten, bei denen weiße Blüten vorherrschen. Ein langer und dünner Blütensporn ist ebenfalls ein Merkmal vieler Arten. Die Abgrenzung zu verwandten Gattungen erfolgt durch die Form der Pollinien und das verlängerte Rostellum.

A. fastuosa (Bild) fällt durch die bis 8 cm langen Blütensporne auf. *A. rhodosticta* besticht durch die scharlachrote Säule der sonst weißen Blüten.

In der Kultur sollten die Arten warm und schattig bei gleichmäßiger Feuchtigkeit gehalten werden. Nach Abschluß der Wachstumsperiode ist es ratsam, die Pflanzen etwas trockener und nicht mehr ganz so warm zu kultivieren. Da es sich meist um kleine Epiphyten handelt, empfiehlt sich eine Kultur in Körbchen oder man montiert die Pflanzen auf Blöcke.

Aerides

Südostasien ist die Heimat der etwa 40 bekannten Arten dieser Gattung. Es sind Epiphyten mit monopodialem Wuchs und ausgeprägter Luftwurzelbildung. Die zweizeiligen Blätter sind flach und ledrig oder zylindrisch und fleischig. Von eher derber Struktur sind die Blüten, die in einem traubigen Blütenstand erscheinen und einen charakteristischen, rückwärts gekrümmten Sporn besitzen.

Aerides multiflora ist eine variable Art mit weiß-rosaroten, duftenden Blüten. Die ähnliche *A. odorata* wurde im Jahr 1800 aus China eingeführt und ist ein dankbarer Blüher. Auf Ausstellungen wurden schon Büsche mit 50 Blütenständen gezeigt.

Alle Arten werden am besten in Körben kultiviert, da so die Luftwurzeln frei wachsen können und die bogig-überhängenden Blütenstände gut zur Geltung kommen. Bei einem ständig feucht-warmen Klima fühlen sich die Pflanzen wohl. Nach der Blüte kann die Feuchtigkeit etwas vermindert werden. Eine Ausnahme in den Kulturbedingungen ist *A. japonica* (gültiger Name: *Sedirea japonica*), eine Kalthausart, die im Sommer auch halbschattig im Freien stehen kann.

Angraecum

Der ungewöhnliche Name geht auf das malayische Wort »angurek« zurück, das epiphytische Orchideen beschreibt. Mit etwa 200 Arten ist diese Gattung in Afrika und Madagaskar vertreten. Es gibt außer den epiphytischen auch terrestrische und felsbewohnende Arten, die auch in der Größe sehr unterschiedlich sind. Für die Kultur kommen beispielsweise *A. calceolus* und *A. magdalenae* in Betracht. *A. calceolus* ist ein kleiner Epiphyt mit kleinen, grünlich-weißen Blüten. Die spektakulärste Art, *A. sesquipedale*, kommt wegen ihrer Größe für die Zimmerkultur nur bedingt in Frage. Ihre Blüten besitzen einen 30 cm langen Sporn. *A. eburneum* (Bild) erreicht ebenfalls eine stattliche Größe von etwa 130 cm. Eine weitere Besonderheit ist *A. fragrans*, deren getrocknete, nach Vanille duftende Blätter als Fahama-Tee genutzt werden.

A. magdalenae ist erst seit 1925 bekannt und wächst auf Felsen in etwa 2000 m Meereshöhe. Diese Gebirgsart muß im Winter kühler (= temperiert) gehalten werden als die Tieflandart *A. calceolus* (= warm). Alle Arten bevorzugen eine hohe Luftfeuchtigkeit. Die Pflanzen haben keine Ruhezeit.

Barkeria

Barkeria ist eine sehr kleine, nur etwa 10 Arten umfassende Gattung. Zeitweise wurde sie mit *Epidendrum* vereinigt, wird heute aber wieder als eigenständige Gattung betrachtet. Als Epi- oder Lithophyten besiedeln die Pflanzen in Mittelamerika Bergwälder in Höhenlagen bis 3500 m. Je nach Art tragen die schlanken Pseudobulben zwei bis sieben Blätter. Der Blütenstand, der sich aus der Spitze der Bulben entwickelt, trägt die grazilen Blüten. Rosarote und violette Töne sind die bestimmenden Farben der *Barkeria*-Blüten. Die aus Guatemala stammende *B. skinneri* bringt rosaviolette Blüten mit gelben Kielen hervor. *B. spectabilis* (Bild), auch in Mexiko und El Salvador zu Hause, besitzt blaßrosa, dunkler gefleckte Blüten.

Die Kultur kann in Töpfen oder Schalen erfolgen. Man hält die Pflanzen im temperierten Bereich. Während der Vegetationsperiode wird nur wenig schattiert, aber reichlich gegossen. Nach Beendigung der Wachstumsphase werden einzelne oder auch alle Blätter abgeworfen. In der nun beginnenden Ruhezeit werden die Pflanzen an einem hellen und kühlen Standort sehr trocken gehalten.

Bifrenaria

Im nördlichen Südamerika sowie in Panama und Trinidad sind die etwa 25 Arten der Gattung verbreitet. Sie wachsen epiphytisch oder terrestrisch. Meist entwikkelt sich aus den kugelförmigen Pseudobulben nur ein Blatt (seltener zwei) mit deutlicher Parallelnervatur. Wie aus Wachs geformt muten die Blüten an, die zu wenigen oder nur einzeln an den Blütenständen gebildet werden.

Die bekanntesten Arten *B. atropurpurea* und *B. harrisoniae* (Bild) stammen aus Brasilien. Ihre duftenden Blüten sind von besonderem Reiz, von purpurbrauner bzw. cremeweißer Grundfarbe und andersfarbiger Lippe. Durch die derbe Beschaffenheit eignen sich die Blüten auch als Schnittblumen, die sehr lange halten.

Die Kultur erfolgt im temperierten Bereich. Während des Wachstums sollte bei gleichmäßiger Feuchtigkeit für viel Frischluft und für etwas Schatten gesorgt werden. In der Ruheperiode benötigen die Pflanzen einen hellen, kühlen Platz und wenig Wasser. Vor allem sollte nicht gesprüht werden. Diese Phase dauert so lange, bis die jungen Triebe, die seitlich unter den alten Bulben entstehen, hervortreten.

Brassavola

Die etwa 15 Arten der Gattung *Brassavola* sind beliebte Kulturpflanzen. Das Verbreitungsgebiet erstreckt sich von Mexiko bis nach Brasilien und Argentinien. Die mittelgroßen Epi- oder Lithophyten wachsen sympodial. Ihre meist nur wenig verdickten Stämme bilden ein oder selten zwei stielrunde oder flache Blätter aus. Hauptkennzeichen der Blüten sind meist schmale, oft sehr lange Sepalen und Petalen mit einer kurzen und breiten Lippe, die auch gefranst sein kann. *B. glauca* (heißt heute *Rhyncholaelia glauca*) entwikkelt nur eine Blüte pro Sproß. Die wenigblütige Infloreszenz von *B. nodosa* (Bild) trägt Blüten mit hellgrünen, langen Blütenblättern und weißer, herzförmiger Lippe, die nachts duften.

Die Kultur erfolgt in Töpfen oder besser in Körbchen, auch eine Blockkultur ist möglich. Im Sommer mögen es die Pflanzen heiß. Es ist aber auf eine gute Wasserversorgung zu achten. Meist fällt auch die Blütezeit in die Sommermonate. Nach dem Abblühen und in der Ruhezeit ist weniger zu gießen, doch dürfen die Pseudobulben nicht schrumpfen. Im Winter benötigen die Pflanzen eine Mindesttemperatur von 15 °C.

BRASSIA

Obwohl die Namen sehr ähnlich sind – beide gehen auf den englischen Illustrator W. Brass zurück – sind die Gattungen *Brassavola* und *Brassia* nicht eng miteinander verwandt. *Brassavola* ist nahe mit *Laelia* und *Cattleya* verwandt, *Brassia* dagegen mit *Odontoglossum, Oncidium* und *Miltonia*. Die etwa 20 *Brassia*-Arten sind im tropischen Bereich von Amerika, von Mexiko bis Brasilien, beheimatet. Es sind vorwiegend Epiphyten, die feuchte Wälder besiedeln. Die ein- bis zweiblättrigen Pseudobulben entspringen einem kräftigen Rhizom. Meist sind die Blütenblätter lang und schmal, ausgenommen die kurze und breite Lippe. Beliebte Arten sind *B. arcuigera, B. caudata* und *B. verrucosa* (Bild).

Wie alle Bulben-Orchideen brauchen auch die Arten dieser Gattung eine Ruheperiode, in der nur so viel gegossen wird, daß die Bulben nicht schrumpfen. Während der Wachstumszeit ist eine reichliche Wasserversorgung sowie Frischluft notwendig. Die Blütezeit ist unregelmäßig, da die Pflanzen manchmal nicht nur einmal im Jahr blühen. Die Vermehrung erfolgt durch Teilung, sobald der junge Trieb erscheint.

BULBOPHYLLUM

Mit über 1000 Arten ist *Bulbophyllum* eine der großen Orchideen-Gattungen, doch sind nur wenige Arten im Handel. Die meist kleinwüchsigen Epiphyten sind in den tropischen Gebieten von Afrika, Australien, Amerika, vor allem aber in Südostasien zu Hause. Alle Arten zeichnen sich durch eine charakteristische Wuchsform aus: den langen, hängenden oder kriechenden Rhizomen sitzen meist kantige Pseudobulben auf, an deren Basis sich die Blütenstände entwickeln. Die Blüten sind meist an eine Bestäubung durch Fliegen angepaßt. *B. cocoinum* aus Afrika und *B. careyanum* aus Nepal besitzen zahlreiche kleine Blüten in einem hängenden Blütenstand. Größere Blüten, die aber nur einzeln oder zu wenigen erscheinen, zeichnen die afrikanischen Arten *B. leopardinum* und *B. patens* aus. *B. barbigerum* aus Afrika hat besonders bizarre Blüten, denn an der Lippe sitzt ein Büschel von Keulenhaaren. Im Bild *B. lilacinum*. Je nach Art erfolgt die Kultur im temperierten bis warmen Bereich. Der Wuchsform entsprechend ist eine Blockkultur empfehlenswert, doch kann man die Pflanzen auch in flachen Schalen halten.

CALANTHE

Die »Schönblüte«, so die Übersetzung des Namens, umfaßt über 150 Arten. Viele sind in Asien beheimatet, doch ist die Gattung auch in anderen Tropengebieten verbreitet. Anders als die meisten tropischen Orchideen wachsen die *Calanthe*-Arten vorwiegend terrestrisch. Man unterscheidet laubabwerfende und immergrüne Arten. Die Kulturbedingungen sind dementsprechend auch sehr verschieden. Die laubabwerfenden Arten wie z. B. *C. cardioglossa, C. rubens, C. triplicata* und *C. vestita* (Bild; Hybride), besitzen kantige Pseudobulben und einen lockeren Blütenstand. In der Wachstumszeit benötigen die Pflanzen viel Wärme und eine hohe Luftfeuchtigkeit. Die Blätter sollten möglichst nicht besprüht werden. Im Herbst werden dann die Blätter abgeworfen, und die Blütenstände erscheinen. Jetzt wird nur noch mäßig gegossen. Nach dem Abblühen werden die Pflanzen völlig trocken gehalten bei Temperaturen um 16 °C. Die immergrünen Arten (z. B. *C. angustifolia* und *C. brevicornu*) brauchen etwas mehr Schatten und dürfen niemals austrocknen. Nach Abschluß des Wachstums werden die Wassergaben nur etwas reduziert.

CATASETUM

Eine sehr interessante Gattung ist *Catasetum*. Die Blüten sind meist eingeschlechtig, also entweder männlich oder weiblich, können aber auch zwittrig entwickelt sein. Je nach Status sind sie dann unterschiedlich gestaltet. Es gibt etwa 50 Arten, die im tropischen Mittel- und Südamerika verbreitet sind und vorwiegend epiphytisch wachsen. Dort werden die Pflanzen von Bienen bestäubt. Bei der Berührung von antennenartigen Fortsätzen durch das Insekt werden die Pollinien herausgeschleudert, so daß sie auf dem Rücken der Bienen kleben bleiben. Viele Arten werden sehr groß. Für die Zimmerkultur empfehlen sich daher die mittelgroßen Arten *Catasetum discolor* und *C. gnomus*.

Die mehrgliedrigen Pseudobulben sind zunächst von den Blattscheiden verdeckt. In der Trockenzeit werden die Blätter abgeworfen, aber die Scheiden bleiben erhalten und werden fasrig. Für die Kultur bedeutet das, daß man die Pflanzen nach dem Laubfall kühler (bei etwa 15 °C) und trockener halten muß. In der Wachstumszeit sollte bei halbschattigem Stand reichlich gegossen werden, doch darf keine Staunässe entstehen. Das Substrat sollte luftdurchlässig sein.

CATTLEYA

Nach der Anzahl der Arten, es sind etwa 40 bekannt, ist die Gattung *Cattleya* eher bescheiden. Doch war sie im vorigen Jahrhundert die Orchidee schlechthin. Beeindruckend ist die Farbenpracht und die Größe der Blüten. Der Siegeszug der Cattleyen begann im Jahre 1818, als die erste Art, *C. labiata*, in Brasilien gefunden und nach England geschickt wurde. William Cattley gelang die erfolgreiche Kultur, nach ihm ist die gesamte Gattung benannt. Das Verbreitungsgebiet von *Cattleya* erstreckt sich von Mittel- bis Südamerika. Die Pflanzen wachsen meist epiphytisch auf Bäumen. Sie besiedeln auch bemooste Felsen, die sich dann meist in Wassernähe befinden. Aufgrund ihrer Wuchsform lassen sich die Cattleyen in zwei Gruppen gliedern: ein- und zweiblättrige Arten. Bei den einblättrigen Arten sind die Pseudobulben spindelförmig und das Blatt ist dick-ledrig. Die Pseudobulben der zweiblättrigen Arten sind schlank-zylindrisch und die Blätter mehr oder weniger ledrig. Letztere Gruppe ist hauptsächlich in Brasilien verbreitet. Allen *Cattleya*-Arten gemeinsam ist die Bildung eines endständigen Blütenstandes, der an der Basis von einer großen Scheide umhüllt wird. In der Entwicklungsphase schließt die Scheide den

Blütenstand ein, und manchmal ist es notwendig, die Scheide vorsichtig aufzuschneiden, damit sich die Infloreszenz ungehindert weiterentwickeln kann. Neben etlichen Wildformen werden im Handel unzählige Hybriden (Bild S. 65) und Sorten angeboten. Gattungshybriden gibt es z. B. mit *Laelia* (X *Laeliocattleya*), mit *Laelia* und *Brassavola* (X *Brassolaeliocattleya*) sowie mit *Laelia, Brassavola* und *Sophronitis* (X *Potinara*). Nur einige interessante Arten seien genannt: *C. aurantiaca* (zweiblättrig) gehört zu den wenigen Orchideen, die sich selbst bestäuben. *C. bicolor* (Bild) (zweiblättrig) hat schwach duftende Blüten. *C. maxima* (einblättrig) bezaubert mit zart rosaroten Blüten.

Die Kultur der meisten Arten und Hybriden erfolgt im temperierten Bereich, mit Ausnahme von *C. dowiana*, die mehr Wärme benötigt. Wichtig ist vor allem eine hohe Luftfeuchtigkeit und ein heller Stand während des Wachstums. Sobald die Pseudobulben voll entwickelt sind, beginnt die Ruhezeit. Das bedeutet weniger Wasser und Temperaturen von 12–15 °C. Wird dieser Zeitpunkt verpaßt, kann es geschehen, daß die Pflanzen durchtreiben, also keine Blütenbildung erfolgt.

Cirrhopetalum

Wer ausgefallene und bizarre Formen liebt, für den hat die Gattung *Cirrhopetalum* einiges zu bieten. Die meist kleinwüchsigen Pflanzen leben ausschließlich epiphytisch und besitzen kriechende Rhizome. Es wird nur ein Blatt je Pseudobulbe ausgebildet. Das Erstaunliche sind aber die Blüten. Im Unterschied zu vielen anderen Orchideen ist die Lippe klein, aber beweglich. Dominierend sind die Kelchblätter, das mittlere ist kurz, die beiden seitlichen sind sehr lang und so gedreht, daß ihre Ränder mehr oder weniger aneinanderhaften. Die Petalen sind klein und meist gewimpert. Das ungewöhnliche Erscheinungsbild wird noch dadurch verstärkt, daß die Blüten köpfchenförmig zusammengedrängt sind. Es sind etwa 30 Arten bekannt, deren Hauptverbreitungsgebiet in Südostasien liegt. *C. lasiochilum* (Bild) bringt nur eine einzelne, relativ große Blüte hervor. Manchmal wird *Cirrhopetalum* zur Gattung *Bulbophyllum* gestellt.

Die Kultur kann auf Blöcken, in Körbchen oder flachen Schalen erfolgen. Die Pflanzen bevorzugen feuchte Wärme und Schatten. Die Trockenperiode sollte nicht so ausgeprägt sein.

Coelogyne

Etwa 200 Arten umfaßt die Gattung *Coelogyne*. Hauptsächlich stammen sie aus Südostasien, wo je nach Art sehr unterschiedliche Höhenlagen besiedelt werden. Das ist für die Kultur von ausschlaggebender Bedeutung. Also beim Kauf einer Pflanze unbedingt fragen, ob die Art etwa aus dem tropischen Tiefland stammt und temperiert kultiviert werden muß oder aber aus den kühlen Bergregionen und nur für Kalthausbedingungen geeignet ist.

Die Pseudobulben tragen nur ein oder zwei Blätter. Die oft großen Blüten einer Infloreszenz haben die Eigenart, sich entweder alle gleichzeitig zu öffnen oder aber einzeln nacheinander. Die Blüten-Lippen sind dreilappig und mit markanten Kielen und Leisten ausgestattet.

Eine attraktive und alte Kalthauspflanze ist *C. cristata* (Bild). Ihre großen, weißen, mit gelben Leisten versehenen Blüten öffnen sich gleichzeitig an einem hängenden Blütenstand. Die Blühdauer beträgt etwa vier Wochen. *C. massangeana* kann in Töpfen kultiviert werden, für *C. ovalis* ist Blockkultur vorzuziehen. Beide Arten sind für den temperierten Bereich geeignet.

Comparettia

Benannt ist die Gattung, die seit dem Jahr 1835 besteht, nach dem italienischen Botaniker A. Comparetti. Sie umfaßt nur etwa 12 Arten, die alle epiphytisch in den amerikanischen Tropen wachsen. An der Basis der einblättrigen Pseudobulben entwickeln sich die Blütenstände. Die Blüten sind nicht besonders groß, haben aber einige auffällige Besonderheiten. So sind die seitlichen Sepalen miteinander verwachsen und bilden einen langen Sporn. Die Lippe ist am größten ausgebildet und prägt die Blütenform. An ihrer Basis sind zwei Fortsätze entwickelt, die in den Sporn hineinragen. Von den im Handel erhältlichen Arten *C. falcata, C. macroplectron* (Bild) und *C. speciosa* fällt bei letzterer die orangegelbe Blütenfarbe auf. Die beiden anderen Arten haben rosarote Blüten.

Alle *Comparettia*-Arten werden im temperierten bis warmen Bereich kultiviert. Da es meist kleinwüchsige Pflanzen sind, kann man sie gut aufbinden. Für die Kultur wichtig ist eine hohe Luftfeuchtigkeit und ein schattiger Stand. Auch während der Ruhezeit muß man regelmäßig gießen, so daß das Substrat nie ganz austrocknet.

Cymbidium

Die etwa 50 bekannten *Cymbidium*-Arten sind von Indien über Südostasien, China und Indonesien bis Australien verbreitet. Die epiphytisch, seltener terrestrisch wachsenden Pflanzen stammen entweder aus tropischen Bereichen oder besiedeln größere Höhenlagen oder gemäßigte Zonen. Als Kulturpflanzen spielen die Wildarten heute keine Rolle mehr. Auf dem Markt sind zahlreiche Hybriden (Bilder), die in allen Variationen blühen. Ihre Züchtungsgeschichte begann schon im 19. Jahrhundert. Ziel der Züchtung waren möglichst großblütige Pflanzen. Die Blüten, von wachsartiger Beschaffenheit, zeichnen sich zudem durch lange Haltbarkeit aus. Deshalb sind auch die Cymbidien dankbare Schnittblumen, die heute überall angeboten werden, entweder als Einzelblüte oder aber in ganzen Blütenständen. Als Zimmerpflanzen eignen sich diese Züchtungen, auch Standard-Cymbidien genannt, jedoch weniger, da die Pflanzen sehr groß werden. Durch Einkreuzung von *Cymbidium floribundum* entstanden dann die sogenannten Miniatur-Cymbidien. Diese Hybriden werden nicht so groß und können auch etwas wärmer stehen. Cymbidien kultiviert man ausschließlich in Töpfen. Sie besitzen sehr dicke, fleischige Wurzeln. Den Pseudobulben entspringen derbe, riemenförmige Blätter. Damit die Pflanzen blühen, ist ein deutlicher Unterschied zwischen Tages- und Nachttemperatur notwendig. Es empfiehlt sich deshalb folgende Kulturmethode: Sobald die Temperaturen im Frühjahr über 15 °C liegen, können die Pflanzen ins Freie an einen halbschattigen Platz gestellt werden. An heißen Tagen muß man reichlich gießen und sprühen. Rechtzeitig im Herbst werden die Pflanzen in ein temperiertes Zimmer gestellt. Standard-Hybriden bei etwa 10–15 °C kultivieren, nicht wärmer, da sonst die Blütenknospen abfallen könnten. Miniatur-Cymbidien sollten wärmer, nicht unter 15 °C stehen. Wichtig ist vor allem im Winter ein heller Standort. Eine Ruhezeit muß nicht eingehalten werden, die Pflanzen sollten lediglich nach der Blüte etwas trockener gehalten werden.

Dendrobium

Über 900 Arten gehören der Gattung *Dendrobium* an. Ihr Verbreitungsgebiet erstreckt sich über Indien, Südostasien, Indonesien bis Australien. Es werden sehr unterschiedliche Klimabereiche besiedelt. Der Name *Dendrobium* (»baumlebend«) deutet darauf hin, daß es sich um Epiphyten handelt. Der vegetative Aufbau der einzelnen Arten weist beträchtliche Unterschiede auf. So gibt es rhizomartige Stämme, aufrechte und einknotige oder vielknotige Triebe sowie mehrknotige Sprosse, die sich an der Basis der alten Sprosse entwickeln. Die Blätter sind entweder immergrün oder werden abgeworfen. Die Blüten tragen oft einen Sporn und werden in vielen Schattierungen von Rosa und Violett als Schnittblumen angeboten. Es sind Züchtungen von *D. phalaenopsis* (gültiger Name: *D. bigibbum*).

In der Kultur lassen sich folgende Gruppen unterscheiden: Arten vom asiatischen Festland gehören in den kühlen bis temperierten Bereich. Einer feuchtwarmen Wachstumsphase muß eine ausgedehnte Ruheperiode bei Temperaturen von 10–13 °C folgen. Arten aus Indonesien und Australien müssen während des Wachstums sehr heiß und luftfeucht stehen. Eine angedeutete Ruhezeit erfolgt bei Temperaturen um 20 °C. Für eine Zimmerkultur sind diese Arten, zu denen auch *D. phalaenopsis* gehört, nicht zu empfehlen, da so hohe Luftfeuchtigkeit natürlich im Zimmer nicht zu erzielen ist. Aus großen Höhenlagen stammende Arten müssen stets feucht gehalten werden. Beim Kauf von *Dendrobium* ist also dringend anzuraten, sich Kulturanleitungen für die betreffende Pflanze geben zu lassen. Das Angebot ist sehr reichhaltig und die Wahl fällt schwer. Folgende Arten sind für den kühlen bis temperierten Bereich geeignet: *D. aggregatum (= D. lindleyi)* mit goldgelben, duftenden Blüten; *D. chrysotoxum*, eine sehr aparte Art mit goldgelben, duftenden Blüten, deren Lippen gefranst und dicht behaart sind; *D. densiflorum* (Bild l.) mit hängendem Blütenstand und orangefarbigen Blüten; *D. findleyanum* ist laubabwerfend, die hellila, duftenden Blüten sind in einem hängenden Blütenstand vereinigt; bei *D. parishii* (Bild r.) erscheinen die Blütenstände an den Knoten blattloser Stämme mit herrlichen rosaroten Blüten.

Encyclia

Die etwa 150 Arten dieser Gattung sind vorwiegend in Mexiko und auf den Westindischen Inseln verbreitet. Nur wenige Arten kommen im tropischen Südamerika vor. *Encyclia* wurde zeitweise mit der Gattung *Epidendrum* vereinigt. Zu *Cattleya* besteht eine so enge Verwandtschaft, daß die Gattungen nur durch die Größe ihrer Blüten unterschieden werden. Alle kleinblütigen Arten gehören *Encyclia* an, diejenigen mit großen Blüten werden *Cattleya* zugeordnet. Trotz der kleineren Blüten sind es reizvolle, kulturwürdige Pflanzen. Die meisten Arten besitzen birnenförmige Pseudobulben. *E. vitellina* (Bild) ist im Nebelwald heimisch. *E. cochleata* besitzt sehr eigenwillige Blüten. Die dunkelpurpur gezeichnete Lippe steht nach oben gekrümmt an der Blüte. Die anderen, schmalen Blütenblätter sind hellgrün und hängen herab. Wie kleine Octopusse sitzen die Blüten an der Infloreszenz.

Die Kultur erfolgt in Töpfen oder flachen Schalen im temperierten Bereich. Während der Wachstumszeit muß man auf hohe Luftfeuchtigkeit und hellen Stand achten. Ist das Wachstum abgeschlossen, beginnt die Ruheperiode, in der die Pflanzen trocken und kühl gehalten werden.

EPIDENDRUM

Schon wegen ihres Artenreichtums darf diese Gattung hier nicht fehlen. Es sind über 750 Arten bekannt, die ausschließlich auf dem amerikanischen Kontinent, von Florida bis Argentinien, vorkommen. Linné begründete die Gattung *Epidendrum* im Jahre 1753, sie ist die erste beschriebene Orchideengattung aus Amerika. Das Erscheinungsbild der Pflanzen ist sehr variabel. Entweder werden Pseudobulben ausgebildet oder die Stämme sind rohrartig. Auch die Blütengröße ist je nach Art sehr unterschiedlich, doch ist meist die Lippe das schmückende Element. *E. ibaguense* (Bild) gehört wie *E. nocturnum* zu den rohrstämmigen Arten, die relativ groß werden. Nur etwa 30 cm hoch wird dagegen *E. stamfordianum* mit Pseudobulben. Mit Gattungen wie *Laelia* und *Cattleya* sind auch Hybriden gezüchtet worden.

Die Kultur der häufig robusten Pflanzen ist nicht schwierig, wenn man ihnen temperierte Bedingungen bieten kann. Arten mit Pseudobulben wachsen gut in Töpfen oder Schalen und brauchen eine trockene Ruheperiode. Rohrstämmige Arten wollen etwas wärmer stehen. Allen gemeinsam ist die große Lichtbedürftigkeit.

ERIA

Eria ist mit über 500 Arten eine sehr umfangreiche Gattung, deren Verbreitungsgebiet sich über das tropische Asien, Malaysia, Australien und Polynesien erstreckt.

Von dieser Gattung sind allerdings nur wenige Arten in Kultur, wohl deshalb, weil die Blüten nicht die Größe und Pracht entfalten, die man von Orchideen erwartet. In ihrem Aussehen sind die epiphytischen oder terrestrischen Pflanzen sehr unterschiedlich. Die Stämme sind meist pseudobulbenartig entwickelt. Charakteristische Merkmale der Blüten sind die freien, kahlen oder behaarten Sepalen, die einen Sporn bilden, sowie die Gestalt der Pollinien. Eine bekannte Art ist *E. javanica* (Bild) mit weißen bis cremefarbenen, duftenden Blüten. Bemerkenswert ist auch *E. pubescens* mit gelblichen, außen dicht weißfilzig behaarten Blüten.

Je nach Herkunft der Pflanze sollte die Mindesttemperatur im Winter bei 10 bis 15 °C liegen. Während des Wachstums benötigen die Pflanzen viel Wasser, eine hohe Luftfeuchtigkeit und einen schattigen Standort. Ist das Wachstum der Pseudobulben abgeschlossen, beginnt die Ruheperiode mit deutlich reduzierten Wassergaben.

GONGORA

Don Antonio Cabrello y Gongora, Vizekönig von Neugranada und später Bischof von Cordoba, verdankt die Gattung ihren Namen. Es sind nur etwa 25 Arten aus den amerikanischen Tropen bekannt. Im Verbreitungsgebiet, von Mexiko bis Peru und Brasilien, wachsen die Pflanzen epiphytisch. Die Pseudobulben sind stets zweiblättrig, an ihrer Basis entspringt der hängende Blütenstand. Die Blüten sind sehr kompliziert gebaut, eine Anpassung an die Bestäubung durch bestimmte Bienenarten, deren Männchen keinen Nektar, sondern duftende Öle sammeln. Die Blütenfarbe kann innerhalb einer Art variieren, gedeckte Farbtöne herrschen vor.

G. galeata, mit gelbbraunen Blüten, stammt aus Mexiko. Der Blütenstand von *G. quinquenervis* (Bild) wird bis 80 cm lang. Die Blüten beider Arten duften.

Gongora-Arten gelten als unempfindliche, leicht zu kultivierende Pflanzen für den temperierten Bereich. Während des Wachstums sorgt man für hohe Luftfeuchtigkeit und reichlich Wasser. In den Sommermonaten können die Pflanzen durchaus an einem geschützten Platz im Freien stehen. Dann folgt eine Ruhezeit, in der wesentlich weniger gegossen wird.

LAELIA

Von Mexiko bis Peru und Brasilien sind die etwa 50 *Laelia*-Arten verbreitet. Sie wachsen epiphytisch, auf bemoosten Felsen oder auch terrestrisch. Von der Gattung *Cattleya* unterscheiden sich die Laelien nur durch die Anzahl der Pollinien. Die Pseudobulben sind ein- oder zweiblättrig. Aber der Schmuck der Pflanze sind ihre großen, leuchtend gefärbten Blüten. Vor allem deshalb werden sie gerne zur Züchtung herangezogen.

L. anceps und *L. autumnalis* aus Mexiko besitzen rosarote Blüten. Die Nationalblume Brasiliens ist *L. purpurata*. Von dort stammt auch *L. pumila*. Sie bildet nur eine Blüte aus, die aber 10 cm groß wird und leuchtend rosalila ist. *L. tenebrosa* (Bild), ebenfalls aus Brasilien, überrascht mit 14 cm großen, bronzefarbenen Blüten mit purpurroten Lippen. *Laeliocattleya*-Hybriden zeichnen sich durch farbintensive Blüten aus.

Die Kulturbedingungen für *Laelia*-Arten entsprechen weitgehend denen für Cattleyen (siehe auch Seite 65), das heißt temperierter Klimabereich. Aus Mexiko stammende Arten sollten im Winter etwas kühler und trockener gehalten werden als etwa brasilianische Arten.

LOCKHARTIA

Namensgeber der Gattung war David Lockhart, Vorsteher des Botanischen Gartens von Trinidad in der ersten Hälfte des 19. Jahrhunderts.

Die Arten der Gattung *Lockhartia* sind von bemerkenswerter Wuchsform. Bisher sind etwa 30 Arten bekannt, deren Verbreitungsgebiet sich von Mexiko bis ins nördliche Südamerika erstreckt. Es sind durchweg Epiphyten, die keine Pseudobulben besitzen. Die Stämme sind dicht mit Blättern bedeckt. Aus den Achseln der oberen Blätter entspringen die Blütenstände, die charakteristische, stengelumfassende Hochblätter tragen. Die Blütenlippe ist artspezifisch ausgebildet, man kann daran eine *Lockhartia*-Art leicht als solche erkennen.

Beliebte Arten sind *L. lunifera* aus Brasilien und die rasenartig wachsende *L. oerstedii* (Bild) aus Mexiko und Panama.

Die Pflanzen sind im temperierten Bereich zu kultivieren. Sie gedeihen gut in kleinen Töpfen. Ein schattiger Standort und etwas Luftfeuchtigkeit empfehlen sich während der Vegetationsperiode. Ist das Wachstum abgeschlossen, sollte man weniger gießen, doch dürfen die Pflanzen nicht austrocknen.

LYCASTE

Nur etwa 30 Arten gehören zur Gattung *Lycaste*. Sie sind heimisch von Mexiko bis Peru und Bolivien sowie auf den Westindischen Inseln. Meist wachsen die Pflanzen epiphytisch in Humusansammlungen, vorwiegend in größeren Höhenlagen. Die Pseudobulben tragen gefaltete Blätter, die nur eine Vegetationsperiode ausdauern. Die Infloreszenzen sind meist nur einblütig, es können aber mehrere gebildet werden, die am Grunde der Pseudobulben entspringen. Die Blüten sind sehr dauerhaft und daher auch als Schnittblumen geeignet. *L. cruenta* ist ein mittelgroßer Epiphyt mit gelblichen Blüten, deren Lippen an der Basis einen auffälligen, karminroten Fleck besitzen. *L. skinneri* (Bild) ist die Nationalblume von Guatemala; sie wird relativ groß. Wenn die Pflanzen blattlos sind, beginnt für sie die Ruheperiode. Das bedeutet Temperaturen um 12 °C und nur sehr wenig gießen, gerade soviel, daß die Pseudobulben nicht schrumpfen. Erst wenn man feststellt, daß die Wurzeln wieder zu wachsen beginnen, wird wieder regelmäßig gegossen. Der Standort sollte halbschattig und luftig sein. Dem Pflanzsubstrat kann etwas Humus beigefügt werden.

Masdevallia

Als Exot unter Exoten könnte man die Gattung *Masdevallia* bezeichnen, denn ihre Blütenform ist sehr exzentrisch. Die etwa 250 bekannten Arten kommen in Mexiko und südwärts davon im gesamten tropischen Südamerika vor. Die epiphytisch wachsenden Pflanzen besitzen ein kriechendes Rhizom, dem aufrechte, einblättrige Stämmchen entspringen. Die markanten Blüten werden von den Sepalen dominiert, die tellerförmig miteinander verwachsen sind und meist in langen, dünnen Fortsätzen enden. Petalen und Lippen sind sehr unscheinbar. Das Angebot ist sehr reichhaltig, und jede Art hat ihren besonderen Reiz wie etwa *M. barleana, M. coccinea, M. triangularis* (Bild) und *M. veitchiana*.

Als Pfleglinge sind die Masdevallien eher als schwierig einzustufen. Bei erhöhter Luftfeuchtigkeit müssen die Pflanzen regelmäßig gegossen werden. Reichlich Frischluft, ein schattiger Standort und im Winter Temperaturen von 10–12 °C sind ebenfalls Bedingungen für eine erfolgreiche Kultur. Die meisten Arten lassen sich gut in Töpfen halten. Bei Arten, deren Blütenstand hängend ist, verwendet man besser Körbchen.

Maxillaria

Über die Subtropen und Tropen Amerikas sind die etwa 300 *Maxillaria*-Arten verbreitet. Die Pflanzen, die epi- oder lithophytisch wachsen, sind meist nur klein bis mittelgroß. Ihre Pseudobulben stehen entweder in Abständen angeordnet an einem Rhizom oder sind gebüschelt, so daß ein rasenartiger Wuchs zustandekommt. Recht unterschiedlich in Größe und Attraktivität zeigen sich auch die Blüten, die immer nur einzeln an der Infloreszenz erscheinen.

Die großwüchsige *M. sanderiana* (Bild) besitzt dichtstehende Pseudobulben, an deren Basis die Blütenstände mit den auffallenden Blüten entstehen. Eine zwergige Art mit kriechenden Rhizomen ist *M. sophronites*. Die relativ großen Blüten flammen in einem leuchtenden Rot auf.

Je nach Herkunft der Pflanze ist eine Kultur im kühlen oder temperierten Bereich erforderlich. Die kleinwüchsigen Arten sollten keiner Trockenzeit ausgesetzt sein. Bei ihnen beschränkt sich die Ruhezeit auf einen kühleren Stand bei verminderter Feuchtigkeit. In der Wachstumszeit brauchen die Pflanzen viel Frischluft und einen hellen Platz, aber keine direkte Sonne.

Miltonia

Die 20 Arten der Gattung sind in den südamerikanischen Anden sowie Brasilien beheimatet. Die nicht deutlich ausgeprägten Pseudobulben tragen an ihrer Spitze zwei Blätter. Alle Blütenteile sind in einer Ebene ausgerichtet. Die 5 Arten mit ganz flachen Blüten und einblättrigen Pseudobulben werden in der eigenständigen Gattung *Miltoniopsis* zusammengefaßt. Schöne Arten sind *M. schroederiana* und *M. spectabilis*. In der Kultur weniger empfindlich sind Hybriden (Bild); auch Gattungs- und Mehrgattungshybriden sind mit *Miltonia* entstanden.

Die *Miltonia*-Arten sind nicht ganz einfach in der Zimmerkultur. Aber die herrlichen Blüten sind einige Mühe wert. Die Pflanzen gedeihen im temperierten Bereich, doch muß man sie vor zu großer Sommerhitze schützen. Während des Wachstums muß reichlich gegossen und für hohe Luftfeuchtigkeit gesorgt werden. Da die Wurzeln salzempfindlich sind, darf man nur wenig düngen. Es sind lichtbedürftige Pflanzen, die aber keine direkte Sonne vertragen. In der kurzen Ruhezeit sollte gerade so viel gegossen werden, daß die Pseudobulben nicht austrocknen.

Odontoglossum

Die Gebirgsregionen des subtropisch-tropischen Mittel- und Südamerika sind die Heimat der etwa 100 *Odontoglossum*-Arten. Die Pflanzen besitzen seitlich zusammengedrückte Pseudobulben, ihre Blüten sind meist groß und sehr ansprechend. Aufgrund von bestimmten Blütenmerkmalen wurden erst in jüngster Zeit 6 Arten von der Gattung abgetrennt und zu der neuen Gattung *Rossioglossum* (siehe Seite 76) zusammengefaßt.

Besonders die kolumbianischen Arten sind etwas schwierig in der Kultur, da sie aus feuchtkühlen Bergwäldern stammen.

Empfehlenswert ist *O. bictoniense*, eine Art, die nach neuestem wissenschaftlichem Stand einer anderen Gattung angehört und *Lemboglossum bictoniense* heißt. Auch die zahlreichen Hybriden mit *Odontoglossum* (Bild o.) sind für den temperierten Bereich geeignet. Mehrgattungshybriden mit *Odontoglossum* sind: X *Vuylstekeara* (Bild u.) *(Odontoglossum* x *Cochlioda* x *Miltonia)*, X *Wilsonara (Odontoglossum* x *Cochlioda* x *Oncidium)*, X *Colmanara (Odontoglossum* x *Miltonia* x *Oncidium)*.

Wer ein Kalthaus besitzt, kann sich auch an die Kultur der Bergwald-Arten wagen, wie etwa *O. crispum*, den »Stern von Kolumbien« und *O. hallii*. Diese Pflanzen verlangen ein kühlfeuchtes Klima. Die Wurzeln dürfen nicht austrocknen. Im Sommer sind die Pflanzen gegenüber Hitze sehr empfindlich. Mittelamerikanische Arten, die aus tieferen Lagen stammen, können dagegen im temperierten Bereich kultiviert werden. Auch diese Pflanzen brauchen nach Wachstumsabschluß keine ausgesprochene Trockenperiode, doch sollte das Gießen den kühleren Temperaturen entsprechend vermindert werden.

Oncidium

Sehr beliebte Kulturpflanzen sind die Oncidien, die mit über 400 Arten in den Tropen und Subtropen Amerikas verbreitet sind. Mit der Gattung *Odontoglossum* besteht eine enge Verwandtschaft. In einigen Fällen ist sogar eine deutliche Abgrenzung umstritten. Der wichtigste Unterschied zwischen beiden Gattungen besteht darin, daß bei *Oncidium* die Lippe rechtwinklig zur Säule ausgerichtet ist, bei *Odontoglossum* verläuft sie dagegen parallel zur Säule. Eine fleischige Schwiele (griechisch: onkos) am Grund der Lippe verhalf der Gattung zu ihrem Namen. Von zwergwüchsigen Arten bis zu stattlichen Exemplaren reicht die Palette der Pflanzen. Die Blütenstände sind meist rispig verzweigt und mit eher kleinen, aber sehr hübschen Blüten besetzt. Bei vielen Arten sind die Blüten kleinen Schmetterlingen ähnlich, aus gelben und braunroten Farbtönen geflammt, getigert, gefleckt. Die herrlich blühenden Pflanzen sind begehrte Objekte für die Züchtung.

Wie das große Verbreitungsgebiet zeigt, besiedeln die Pflanzen die unterschiedlichsten Klimabereiche, so daß man sich beim Kauf einer Pflanze unbedingt nach ihren Pflegeansprüchen erkundigen muß. Einen temperierten bis warmen Standort benötigt *O. papilio*, die Schmetterlings-Oncidie. Es ist eine stattliche Pflanze, deren Blüten über 10 cm groß werden. Sie wird heute, wie auch *O. kramerianum* (Bild l.), in die Gattung *Psychopsis* gestellt. Von besonderem Reiz ist *O. ornithorhynchum* (Bild r.), was übersetzt Vogelschnabel-Oncidie bedeutet. Ihre Blüten duften stark. Diese Art gedeiht eher in kühleren Bereichen. Für alle Pflanzen gilt: während der Wachstumsphase viel Feuchtigkeit, auch in der Luft, und etwas Schatten. In der Ruhezeit sind die Pflanzen sehr lichtbedürftig, vor allem solche mit derben Blättern. Wichtig zu wissen ist auch, daß die Blütenstände vieler Arten, wie etwa *O. papilio*, fortlaufend treiben. Man darf also den Blütenstand nicht abschneiden, damit daran immer neue Blüten entstehen können.

PAPHIOPEDILUM

Die sogenannten Frauenschuh-Orchideen, die durch ihre großen, prägnanten Blüten auffallen, sind wohl jedem Pflanzenliebhaber bekannt. Etwa 60 Arten gehören der Gattung *Paphiopedilum* an, die ausschließlich in Asien, von Indien bis Neuguinea, beheimatet sind. Noch im vorigen Jahrhundert wurden alle Orchideen mit einer sackartig ausgebildeten Lippe in der Gattung *Cypripedium* zusammengefaßt. Dazu zählen heute nur noch die Arten mit wechselständiger Beblätterung, die aus den gemäßigten Zonen von Amerika, Asien und Europa stammen sowie auch unser heimischer Frauenschuh, *Cypripedium calceolus*, der leider immer seltener wird. Arten aus Mittel- und Südamerika mit dreifächerigem Fruchtknoten werden in die Gattungen *Phragmipedium* (siehe Seite 74) und *Selenipedium* gestellt. Die *Paphiopedilum*-Arten wachsen hauptsächlich terrestrisch und bilden relativ wenige, dicke, horizontal ausgebreitete Wurzeln aus. Oft kann man schon an den Blättern erkennen, aus welchem Klimabereich die Art stammt. Denn Pflanzen mit frischgrünen Blättern kommen meist aus den kühlen Bergregionen, solche mit marmorierten Blättern aus den warmen Niederungen. Eine Triebgeneration bildet immer nur eine meist einblütige Infloreszenz aus. Doch werden in den Blattachseln neue Triebe gebildet, so daß eine buschige Pflanze entsteht, die viele Infloreszenzen entwickeln kann. Charakteristisch ist die Blüte mit der pantoffelförmigen Lippe. Durch ihre derbe, wachsartige Beschaffenheit sind es haltbare Schnittblumen. Diese Verwendung hat wohl erst den Erfolg auch als Topfpflanze begründet.

Die Pflege ist im Prinzip recht einfach. Alle Arten verlangen eine hohe Luftfeuchtigkeit und eine gleichbleibende Durchfeuchtung des Wurzelballens, da ja keine Wasserspeicherorgane vorhanden sind. Ebenso ist auf eine gute Beschattung zu achten. Warm bis temperiert zu kultivierende Arten sind *P. callosum* und *P. sukhakulii*, beide aus Thailand stammend. Im kühlen Bereich fühlen sich *P. insigne* und *P. rothschildianum* wohl. Letztere ist eine auffällige Schönheit, die im Jahre 1887 nach Europa gelangte. Leider werden immer mehr dieser schönen Arten in ihrer Heimat stark dezimiert oder sogar ausgerottet. Daher sollte man auf die zahlreichen Züchtungen zurückgreifen. *Paphiopedilum*-Hybriden (Bilder) sind robuster als die Arten.

PHALAENOPSIS

Der rasante Aufstieg zur Zimmerpflanze begann für *Phalaenopsis* sozusagen mit der Zentralheizung. Denn die Pflanzen lieben eine gleichmäßige Wärme. Die etwa 40 Arten der Gattung sind nämlich in den feuchtwarmen Tieflagen Asiens, bis nach Nordaustralien beheimatet. Sie wachsen dort epi- oder lithophytisch und besitzen keine Pseudobulben. An den kurzen Stämmen sitzen die breiten, fleischigen Blätter in zweizeiliger Anordnung. Die Blütenstände werden seitlich ausgebildet, so daß die Stämme immer weiter, also monopodial wachsen. Am bekanntesten sind wohl die Arten mit großen, im Umriß rundlichen Blüten. Doch auch kleinblütige Arten sind sehr reizvoll.

Der Name *Phalaenopsis* bedeutet »nachtfalterähnlich«. Das ist auf die großen weißen Blüten von *Phalaenopsis amabilis* zurückzuführen, die die Stammart der Gattung ist. Auch an vielen Züchtungen ist die Art beteiligt. Und wie so vieles, so sind auch die Pflanzenzüchtungen modischen Strömungen unterworfen. Früher wurden Pflanzen mit mehr sternförmigen Blüten gezüchtet, heute geht der Trend hin zu Blüten, bei denen sich oberes Sepalum und seitliche Petalen überlappen, so daß flächige, im Umriß rundliche Blütenformen entstehen.

Vor allem die *Phalaenopsis*-Hybriden (Bild: 'Sterntaler') sind ideale »Anfänger-Orchideen«, da sie sich gut an unsere zentralgeheizten Zimmer anpassen. Voraussetzung ist allerdings, daß man für Luftfeuchtigkeit sorgt und auch die Blätter öfter besprüht. Ihr Platz sollte hell, aber ohne direkte Sonneneinstrahlung sein. Eine Ruhezeit gibt es nicht. Das Substrat darf nie ganz austrocknen. Die Oberfläche kann bis zum nächsten Gießen antrocknen, im Inneren ist dann das Substrat immer noch feucht. So vermeidet man zu viel Nässe, die den Wurzeln schadet. Außerdem benötigen die Wurzeln viel Luft. Das zeigt sich schon daran, daß sie gern über den Topfrand wachsen. Beim Umpflanzen muß deshalb ein luftdurchlässiges Substrat gewählt werden. Die *Phalaenopsis*-Pflanzen sind dankbare Blüher, die am gleichen Blütenstand mehrmals blühen können, wenn man diesen nach der Blüte etwa am dritten Knoten abschneidet. Manchmal sind auch schon sogenannte schlafende Augen sichtbar angelegt, so daß man den Infloreszenzschaft über einem solchen Auge abschneidet.

Die Arten von *Phalaenopsis* werden ebenso kultiviert, brauchen aber etwas mehr Luftfeuchtigkeit. Kleinblütige Arten sind *P. equestris* mit rosa Blüten, die immer wieder am alten Blütenstand entstehen, und *P. cornu-cervi* mit gelb-rotbraun gefleckten Blüten. Eine prächtige Pflanze ist *P. schilleriana* mit großen, rosaroten Blüten und marmorierten Blättern. *P. lueddemanniana* trägt große Blüten von weißer Grundfarbe mit roten Querbändern oder Flecken.

PHRAGMIPEDIUM

Sozusagen das Gegenstück der asiatischen Frauenschuh-Orchideen ist die amerikanische Gattung *Phragmipedium*. Es sind nur gut ein Dutzend Arten bekannt, die in Panama ihre nördlichste Verbreitungsgrenze erreichen. Die Pflanzen wachsen vorwiegend terrestrisch und können sich zu recht großen Exemplaren entwickeln. Die Petalen sind entweder den mittleren Sepalen ähnlich oder sie sind zu langen, dünnen Fortsätzen ausgezogen. In der Anschaffung sind die Pflanzen allerdings recht kostspielig. Dennoch sind sie begehrt, was beim Anblick von *P. caudatum* durchaus verständlich ist, denn die Petalen sind zu 30 cm langen, gedrehten Bändern ausgezogen. Nicht ganz so lang sind die Petalen bei *P. longifolium*. *P. schlimii* ist eine Art, bei der Petalen und Sepalen gleichgestaltet sind.

Als Fensterbankpflanze ist *Phragmipedium* leider nicht geeignet, denn alle Arten benötigen eine sehr hohe Luftfeuchtigkeit. Es empfiehlt sich eine Kultur im temperierten Bereich. Der Wurzelballen darf niemals austrocknen und im Sommer müssen die Pflanzen gut schattiert werden.

Pleurothallis

Obwohl die Gattung *Pleurothallis* mit etwa 900 Arten aufwarten kann, ist sie in der Kultur weniger bekannt. Vermutlich liegt das daran, daß die meist kleinwüchsigen Pflanzen auch nur kleine Blüten ausbilden. In ihrer Heimat, dem tropischen Amerika, wachsen sie epiphytisch. Dem kriechenden Rhizom entspringen kurze, gegliederte, einblättrige Stämmchen. Ähnlich wie bei der Gattung *Masdevallia*, mit der *Pleurothallis* nahe verwandt ist, prägen die Sepalen die Blütenform. *P. grobyi* besitzt zarte, gelbliche Blütchen, die zu wenigen an einem zickzackförmigen Schaft sitzen. Größer im Wuchs ist *P. tuerkheimii*, dessen Stämme bis 25 cm lang werden. Dementsprechend sind die Blüten größer und durch die rötlichbraune Färbung auffälliger. Im Bild *P. strupifolia*.

Zweckmäßig ist eine Blockkultur. Alle Arten können im temperierten Bereich gehalten werden. Eine erhöhte Luftfeuchtigkeit und ausreichende Beschattung sind wichtige Kriterien für eine erfolgreiche Kultur. Ebenso sollten die Pflanzen möglichst lange ungestört bleiben, also nicht so oft umgepflanzt oder geteilt werden.

Polycycnis

Eine selten angebotene und mit 7 Arten auch kleine Gattung ist *Polycycnis*. Unter lauter gängigen und bekannten Gattungen sollte auch eine ausgefallene vorgestellt werden, nicht zuletzt deshalb, um andeutungsweise die Bandbreite der Orchideen aufzuzeigen. Die Heimat von *Polycycnis* ist das tropische Amerika. Die epiphytischen Pflanzen erreichen eine mittlere Größe und bilden fleischige Pseudobulben aus, die nur ein Blatt tragen. Der Blütenstand entspringt seitlich an der Basis der Pseudobulben. Charakteristisch für die Blüten ist die verlängerte, schlanke Säule. Petalen und Sepalen sind ähnlich gestaltet und ausgebreitet oder zurückgekrümmt. Auf *Polycycnis muscifera* (Bild) wurde die Gattung im Jahre 1855 begründet. Es ist eine stattliche Pflanze mit gelblichen, braun gepunkteten Blüten, die zudem außen flaumig behaart sind.

Die Kulturbedingungen entsprechen denen der Gattung *Stanhopea* (siehe Seite 76) mit der *Polycycnis* auch näher verwandt ist: temperierter Standort und gute Wasserversorgung; nach Wachstumsabschluß kühler und trockener halten.

Restrepia

Für Liebhaber kleiner Pflanzen sind die etwa 30 Arten der Gattung *Restrepia* geeignete Objekte. Die epi- oder lithophytisch wachsenden Pflanzen sind von Mexiko bis ins nördliche Argentinien verbreitet, wo sie vor allem größere Höhenlagen besiedeln. Es werden keine Pseudobulben ausgebildet. Die einblättrigen Stämmchen stehen dicht beisammen. Auch die Blüten entwickeln sich nur einzeln auf einem verlängerten Schaft. Auffallend ist das mittlere Sepalum, das an der Spitze klöppelartig verdickt ist. Die beiden seitlichen Sepalen sind miteinander verwachsen und bilden den dominierenden Blütenteil. Die Petalen gleichen dem mittleren Sepalum. Die Blüten von *R. elegans* (Bild) sind, wie der Name bereits sagt, elegant und zart.

Die kleinwüchsigen Pflanzen brauchen eine aufmerksamere Beobachtung und Pflege als größere Pflanzen. Die Kultur erfolgt im kühlen bis temperierten Bereich. Vor allem muß man darauf achten, daß die Pflanzen stets ausreichend mit Wasser versorgt sind; eine Austrocknung wird sehr übelgenommen. Auch ein schattiger Standort ist wichtig.

Rossioglossum

Vor 1976 wurden die 6 Arten der Gattung *Rossioglossum* noch als *Odontoglossum* bezeichnet. Unterschiede in den Blütenmerkmalen rechtfertigen aber die Existenz der neuen Gattung *Rossioglossum*. Der Name ehrt John Ross, der vor gut 150 Jahren als Pflanzensammler in Mexiko tätig war. Beheimatet sind die Arten von Mexiko bis Panama. Die Pflanzen können relativ groß werden und besitzen dichtstehende, zweiblättrige Pseudobulben. Ein lockerer, traubiger Blütenstand trägt die großen Blüten. Petalen und Sepalen sind fast gleichgestaltet und auch die Lippe ist groß und auffällig. Meist sind die Blüten gelb und mit rotbraunen Flecken oder Bändern gezeichnet.

Eine sehr begehrte und attraktive Art ist *R. grande* (Bild). Der Blütenstand wird etwa 30 cm lang und trägt 4–8 Blüten, die bis zu 15 cm groß werden. Wenn die Blüten trocken bleiben, hält jede drei Wochen lang. Ähnlich und ebenso prachtvoll ist *R. williamsianum*. Die Pflanzen dieser Art werden größer, haben aber etwas kleinere Blüten.

Die Kultur im temperierten Bereich entspricht der für *Odontoglossum* (siehe Seite 72).

Sophronitis

Kleine Pflanzen mit großen Blüten, das ist eine eher selten anzutreffende Kombination, die uns aber die Gattung *Sophronitis* zu bieten hat. Man kennt bislang nur 7 Arten, die alle in Brasilien heimisch sind. Auf einem Rhizom stehen die einblättrigen Pseudobulben dicht gedrängt beieinander. An jedem Trieb wird meist nur eine Blüte gebildet, die außer ihrer Größe mit einer leuchtenden Farbe überrascht. Die scharlachrote Farbe ihrer großen Blüten hat *S. coccinea* zu einer beliebten Kulturpflanze gemacht. Sie diente bei vielen Kreuzungen als Partner für *Cattleya, Laelia* oder *Epidendrum*. Eine ähnliche Art ist *S. brevipedunculata*. *S. cernua* trägt eine zwei- bis fünfblütige Infloreszenz. Die Blüten sind zinnober- bis orangerot. Im Bild *S. floralia*. Im kühlen bis temperierten Klimabereich fühlen sich die Pflanzen wohl. Man kann sie auf Blöcke montieren oder auch in Schalen pflanzen. Weitere Kulturbedingungen sind eine erhöhte Luftfeuchtigkeit und ein halbschattiger Standort. Die Pflanzen dürfen niemals ganz austrocknen, doch während der Ruhezeit sollte man sie nur sehr vorsichtig gießen.

Stanhopea

Im tropischen Amerika ist die 25 Arten umfassende Gattung *Stanhopea* zu Hause. Die Pflanzen besiedeln meist Bergwälder und wachsen dort epiphytisch, terrestrisch oder auf Felsen. Seitlich an den einblättrigen Pseudobulben entspringen die Infloreszenzen, die sich nach unten entwikkeln. Deshalb kann man die Pflanzen nur in Körbchen kultivieren. Von exotischer Schönheit sind die großen Blüten, die zudem stark duften. Leider sind sie aber für Orchideenblüten sehr vergänglich, denn sie verblühen schon nach 2–4 Tagen. Die kompliziert gebaute Lippe der Blüte und die von ihr produzierten Duftstoffe dienen der Bestäubung, die von Bienen vollzogen wird. Die bekannteste Art ist *S. tigrina* (Bild) mit gelben, rötlich gefleckten Blüten, doch stehen ihr *S. oculata* und *S. wardii* in nichts nach.

Stanhopea-Arten sind recht robust und eignen sich auch gut für einen Sommeraufenthalt im Freien. Ansonsten erfolgt die Kultur im temperierten Bereich mit ausgeprägter Ruhezeit nach Wachstumsabschluß. Während der Vegetationszeit muß man reichlich gießen und für erhöhte Luftfeuchtigkeit sorgen.

Vanda

Aus dem tropischen Asien bis Australien sind etwa 30–40 Arten der Gattung *Vanda* bekannt. Der Name kommt aus dem Sanskrit. Alle *Vanda*-Arten sind Epi- oder Lithophyten, wachsen monopodial und bilden zahlreiche dicke Luftwurzeln aus. Die Blütenstände mit den großen, ansprechenden Blüten entwickeln sich aus den Blattachseln. Vor allem durch eine Art ist die Gattung bekannt, nämlich *Vanda coerulea* (Bild), deren blaue bis blauviolette Blüten bei ihrer Entdeckung eine Sensation darstellten. Die häufig angebotenen *V. pumila* und *V. teres* werden heute anderen Gattungen zugerechnet und heißen *Trudelia pumila* bzw. *Papilionanthe teres*.

In der Kultur wollen die Pflanzen temperiert bis warm stehen. *Vanda coerulea* besiedelt Höhenlagen von 800–1300 m. Sie muß deshalb in der Ruheperiode kühler und trockener gehalten werden als Arten, die im Tiefland vorkommen. Allen gemeinsam ist eine außerordentliche Lichtbedürftigkeit. Die Pflanzen kommen nur zur Blüte, wenn sie genügend Licht erhalten, was im mitteleuropäischen Klima nicht ohne Zusatzbelichtung zu erreichen ist.

Vanilla

Obwohl über 100 Arten zur Gattung *Vanilla* gehören, ist eigentlich nur eine bekannt, *Vanilla planifolia*. Es ist nicht die Pflanze mit ihren Blüten, die wir schätzen, sondern ihre fermentierten Früchte, die sogenannten Vanille-Schoten mit ihrem unvergleichlichen Aroma. Verbreitet ist die Gattung in den Tropen der Neuen und der Alten Welt. Meist sind es monopodial wachsende, kletternde Pflanzen. Auch im nichtblühenden Zustand kann man ihre Zugehörigkeit leicht erkennen, denn an jedem Knoten des Stammes entspringt ein Blatt und diesem gegenüber eine Luftwurzel. Die Blüten sind groß, aber sehr kurzlebig.

Vanilla pompona (Bild) ist in Mittel- und Südamerika zu Hause. *V. planifolia* ist die einzige Orchidee, die als Nutzpflanze weltwirtschaftliche Bedeutung erlangt hat. Ursprünglich stammt sie aus Mittelamerika. Angebaut wird sie heute vor allem auf Madagaskar und Réunion. Da in diesen Ländern aber der natürliche Bestäuber, eine Kolibriart, fehlt, müssen die Blüten von Menschenhand bestäubt werden.

Die Kultur erfolgt im warmen Bereich bei hoher Luftfeuchtigkeit und viel Licht.

Zygopetalum

Die etwa 40 Arten dieser Gattung bringen nicht nur herrlich gefärbte und gezeichnete Blüten hervor, sie sind auch in der Pflege wenig anspruchsvoll. Heimisch sind die epiphytisch wachsenden Pflanzen in den Tropen Südamerikas. Sie besitzen Pseudobulben, an denen sich seitlich ein oder sogar mehrere Blütenstände entwickeln. Charakteristisch ist eine große Schwiele am Grunde der Lippe.

In Europa gelangte *Zygopetalum crinitum* (Bild) erstmals im Jahre 1829 zu Blüte. Die Art stammt aus Ostbrasilien. Ein größeres Verbreitungsgebiet hat *Z. intermedium*, die in Peru, Bolivien und Brasilien vorkommt.

Wie die meisten der hier vorgestellten Orchideen werden die *Zygopetalum*-Arten im temperierten Bereich gehalten. Am besten kultiviert man sie in Töpfen, die nicht zu klein sein sollten, denn die Pflanzen sind mit dikken, fleischigen Wurzeln ausgestattet, die relativ viel Platz beanspruchen. Während des ganzen Jahres wird das Substrat mäßig feucht gehalten. Man sollte auch für erhöhte Luftfeuchtigkeit sorgen, aber die Blätter möglichst nicht besprühen, da sie sonst fleckig werden.

Arten- und Sachregister

Fettgedruckte Zahlen verweisen auf eine ausführliche Beschreibung, Sterne (*) auf Fotos oder Zeichnungen; Sachkapitel sind unterstrichen.

BILDNACHWEIS

Apel: U1, 62 r.u.l., 63 r., 70 r., 71 l.u.m., 74 r., 77 m.; Eisenbeiss: 60/61, 70 m., 75 r.u.l.; Groß: 8/9, 12 r.u., 14, 53, 54, 55, 58 (2 Abb.), 59, 63 l., 65 r., 67 m., 70 l., 71 r., 77 l.u.r.; König: 64 l.u.m., 66 m., 67 l., 68 r., 69 l., 73 l.; Lade: 64 r.; Rauh: 12 u.l., o., 16 (2 Abb.), 17 o.r., u., 18 o., 19, 65 l., 66 r., 69 m., 76 r.; Senghas: 68 m., 69 r., 75 m.; Stein: 29, 31, 48 u.; Storck: 2/3, 6/7, 10, 11, 15, 17 l.u., 18 u., 20, 22/23, 24, 25, 26, 32/33, 38, 47 (2 Abb.), 51, 62 m., 63 m., 67 r., 72 (3 Abb.), 73 u.r., 73 o.r., 74 l.; Welsch: 27, 43, 48 o.; Wetterwald: 66 l., 68 l., 76 m.

LITERATURVERZEICHNIS

Es wird nur eine kleine Auswahl an Orchideenliteratur aufgeführt. Eine Liste lieferbarer Orchideenbücher ist erhältlich bei: Buchhandlung Ziegan, Potsdamer Str. 180/182, D-10783 Berlin.

Bechtel, H., Cribb, P., Launert, E., 1993: Orchideenatlas. Eugen Ulmer, Stuttgart, 3. Auflage.
Bürger, A., 1990: Schöne Orchideen. Eugen Ulmer, Stuttgart.
Dressler, R. L., 1987: Die Orchideen (Biologie und Systematik der Orchidaceae). Eugen Ulmer, Stuttgart.
Heitz, H., 1990: Orchideen. Gräfe und Unzer, München, 2. Auflage.
Menzel, I. und P., 1981: Orchideen und Bromelien (Alte Stiche aus der Zeit der Pflanzensammler und Orchideenjäger). Droemer Knaur, München, Zürich.
Pinske, J., 1992: Orchideen für zu Hause. BLV Verlagsgesellschaft, München.
Prater, W., 1991: Orchideen für die Fensterbank. Franckh-Kosmos, Stuttgart.
Richter, W., 1982: Orchideen – pflegen, vermehren, züchten. Neumann Verlag, Leipzig, Radebeul, 5. Auflage.
Richter, W., 1988: Das Orchideen-Jahr. Neumann Verlag, Leipzig, Radebeul, 2. Auflage.
Stein's Orchideenbuch, 1892. Reprint 1980, Brücke Verlag, Hildesheim.

BEZUGSQUELLEN FÜR ORCHIDEEN

Baumann, Elisabeth, Orchideen-Kulturen, Beethovenstr. 202, 46145 Oberhausen
Glanz, Franz, Wössener Orchideen, Hauptstr. 28, 83246 Unterwössen/Obb.
Gottschalk, Günter, Orchideenkulturen, Seboldshausen-Fällerwasser 18, 37581 Bad Gandersheim
Lohoff, Klaus-Dieter, Orchideen – Anzucht – Kultur, Wilfriedstr. 39, 33649 Bielefeld
Ludwig Orchideenzucht, Heinebuchenweg 2, 31855 Aerzen
Nothhelfer Orchideenkulturen, Gottfried-Renn-Weg 4, 67346 Speyer
Schomacker Orchideenzucht, Lerchenweg 6, 21360 Vögelsen
Wichmann Orchideen KG, Tannholzweg 1–3, 29229 Celle

KULTURBEDARF

Meyer, Manfred, 61118 Bad Vilbel-Heilsberg

PFLANZENLABOR UND ORCHIDEENZUCHT

Röllke, Gerd, Von-Möller-Str. 25 c, 33649 Bielefeld

SEHENSWERTE ORCHIDEENSAMMLUNGEN IN BOTANISCHEN GÄRTEN

Berlin, Botanischer Garten
Königin-Luise-Str. 6–8
14195 Berlin-Dahlem

Frankfurt, Palmengarten
Siesmayerstr. 61
60323 Frankfurt/M.

Hannover, Berggarten
Herrenhäuser Str. 4
30419 Hannover-Herrenhausen

Heidelberg, Botanischer Garten
Im Neuenheimer Feld 340
69120 Heidelberg

München, Botanischer Garten
Menzingerstr. 61–67
80638 München-Nymphenburg

Stuttgart, Wilhelma
Neckartalstr.
70376 Stuttgart-Bad Canstatt

VEREINE

Deutsche Orchideen-Gesellschaft
Geschäftsstelle: Lieselotte Thielmann
Arndtstr. 8
27367 Sottrum

Österreichische Orchideen-Gesellschaft
Postfach 300
A-1222 Wien
Österreich

Schweizerische Orchideen-Gesellschaft
O. Feistle (Kassier)
Birkenstr. 10
CH-4304 Giebenach
Schweiz